Andreas Baumann

Die „Apostelstraße"

Eine außergewöhnliche Vision und ihre Verwirklichung

BRUNNEN
VERLAG GIESSEN · BASEL

Biblische Archäologie und Zeitgeschichte, Band 8
Herausgegeben von Rainer Riesner

*Den Mitarbeitern der
Evangeliumsgemeinschaft Mittlerer Osten,
die heute das Erbe der „Apostelstraße" fortführen*

*Allen Mitarbeitern und Freunden
der Pilgermission St. Chrischona,
die auch heute die weltweite Dimension
ihrer Berufung im Blick haben*

Die Deutsche Bibliothek – CIP-Einheitsaufnahme
Baumann, Andreas:
„Die Apostelstraße" : eine außergewöhnliche Vision
und ihre Verwirklichung / Andreas Baumann. -
Giessen ; Basel : Brunnen-Verl., 1999
(Biblische Archäologie und Zeitgeschichte ; Bd. 8)
ISBN 3-7655-9430-X

Umschlagfotos: Creativ Collection, Freiburg
Umschlaggestaltung: Ralf Simon
Herstellung: St.-Johannis-Druckerei, Lahr
ISBN 3-7655-9430-X

Inhalt

Geleitwort

Am Ende des Jahres 1998 richten sich die Blicke vieler nicht nur wegen der aktuellen politischen Situation auf den Nahen Osten. Vor hundert Jahren unternahm der deutsche Kaiser Wilhelm II. seine legendäre Orientreise, auf der er auch das Heilige Land besuchte. Damals zeichneten sich schon die Konstellationen ab, die den Nahen Osten bis heute prägen, die Unabhängigkeit der arabischen Nationen und die Gründung eines jüdischen Staates (A. Meier, Die kaiserliche Palästinareise 1898. Theodor Herzl, Großherzog Friedrich I. von Baden und ein deutsches Protektorat in Palästina, Konstanz 1998).

Die Reise des Kaisers hatte auch eine starke kirchliche Komponente. In unmittelbarer Nähe der Jerusalemer Grabeskirche weihte er am Reformationstag 1898 die evangelisch-lutherische Erlöserkirche ein (J. Krüger, Rom und Jerusalem. Kirchenbauvorstellungen der Hohenzollern im 19. Jahrhundert, Berlin 1995), den deutschen Katholiken übergab der Herrscher ein Grundstück auf dem Südwesthügel, wo die älteste Tradition die erste Versammlungsstätte der Urgemeinde lokalisiert (O. Kohler, „Sancta Sion". Zwischen christlicher Zionssehnsucht und kaiserlicher Orientpolitik, Tübingen 1999). Bis heute sind die Erlöserkirche inmitten der Altstadt und die Dormitio-Abtei (heute Abtei Hagia Maria Sion) vor den Mauern auf dem Zionsberg aus dem christlichen Leben Jerusalems nicht wegzudenken.

Die christliche Präsenz im Heiligen Land begann aber nicht erst mit der Kaiserreise. Schon seit der ersten Hälfte des 19. Jahrhunderts haben Christen, nicht zuletzt evangelische Gläubige aus Deutschland und der Schweiz, einen wesentlichen Beitrag zum Aufbau Palästinas geleistet (A. Strobel, Deine Mauern stehen vor mir allezeit. Bauten und Denkmäler der deutschen Siedlungs- und Forschungsgeschichte im Heiligen Land, Gießen 1998). Eine besondere Rolle spielte dabei Christian Friedrich Spittler (1782–1867), der Begründer der Basler Mission und der Pilgermission St. Chrischona. Zu seinen kühnen Plänen gehörte die Errichtung einer Kette von Brüderstationen von Palästina über Ägypten bis hinein nach Äthiopien.

Die ausgesandten, meist handwerklich ausgebildeten Brüder sollten durch ihr Tatzeugnis dem Evangelium in der weiten islamischen Welt den Boden bereiten.

Die Magisterarbeit von Andreas Baumann, die an der mit dem Columbia Biblical Seminary verbundenen Freien Missionshochschule in Korntal entstand, entreißt mit Hilfe profunder Quellenkenntnis ein faszinierendes Kapitel der Reich-Gottes-Geschichte einer weitgehenden Vergessenheit.

Die Aufnahme dieser interessanten Arbeit in die Reihe „Biblische Archäologie und Zeitgeschichte" erscheint etwas ungewöhnlich. Und doch gibt es untergründige Verbindungen. Zu den nach Jerusalem ausgesandten Chrischona-Absolventen gehörte Conrad Schick (1826–1902) aus Bitz auf der Schwäbischen Alb. Er trat später als Architekt in den Dienst des türkischen Sultans. In seiner Jahrzehnte währenden Funktion als Regierungsbaumeister für Jerusalem wurde Schick zu einem Pionier der archäologischen Forschung in der Heiligen Stadt (A. Strobel, Conrad Schick. Ein Leben für Jerusalem, Fürth 1988). Wer sich heute über die unausweichliche Begegnung zwischen Christentum und Islam Gedanken macht, muß die Geschichte des Nahen Ostens gut kennen, und die reicht für beide Religionen bis in biblische Zeiten zurück.

Gomaringen, November 1998 — Rainer Riesner

Vorwort

Von dem Missionsprojekt „Apostelstraße“ hörte ich zum ersten Mal während meiner Ausbildung am Theologischen Seminar St. Chrischona. Da mich die Geschichte der Pilgermission und das Zielgebiet „Naher Osten“ interessierten, fesselte dieses Projekt schon damals mein Interesse. Während meines Studiums am Columbia Biblical Seminary – deutscher Zweig, Studienzentrum Korntal, wollte ich daher im Fach „Missionsgeschichte“ eine Seminararbeit über die „Apostelstraße“ schreiben. Schon bald mußte ich jedoch erkennen, daß der damit verbundene Aufwand den Rahmen einer Seminararbeit bei weitem sprengte. So fand ich sozusagen „ganz natürlich“ das Thema für die Abschlußarbeit meines M.A.-Studiums in Missiologie. Stimulierend wirkte sich dabei zudem aus, daß meine Studienorte die Orte waren, an denen die Hauptinitiatoren der „Apostelstraße“ gewirkt hatten: Christian Friedrich Spittler auf St. Chrischona und Dr. Ludwig Krapf in Korntal (Krapfs Grab befindet sich nur wenige Meter von den Gebäuden des CBS-Studienzentrums entfernt auf dem Nachbargrundstück).

Motivierend war es für mich auch, daß zahlreiche Personen ihr Interesse an dem Thema bekundeten und mich schließlich dazu ermutigten, die Arbeit durch eine Veröffentlichung einem größeren Leserkreis zugänglich zu machen.

Vielen bin ich für ihre Unterstützung zu Dank verpflichtet:

Stellvertretend für meine theologischen und missiologischen Lehrer danke ich Herrn Dr. Klaus Wetzel, der als Erstbetreuer diese Arbeit mit sehr großem Interesse und Engagement begleitet hat.

Beim Arbeitskreis für evangelikale Missiologie bedanke ich mich für die Verleihung des George-W.-Peters-Förderpreises 1997.

Stellvertretend für die vielen, die mir wichtige Hinweise gegeben haben, danke ich Herrn Christof Sauer, Gomaringen, und Herrn Dr. Jochen Eber, St. Chrischona, für ihre Hilfe und den überaus befruchtenden Austausch in den zurückliegenden Monaten.

Dem Leitungsteam und den Mitarbeitern der Pilgermission St. Chrischona bin ich sehr dankbar für ihr Entgegenkommen und ihre wohlwollende Unterstützung.

Danken möchte ich auch den Verantwortlichen und Mitarbeitern folgender Institutionen: Bibliothek und Archiv der Freien Hochschule für Mission / Korntal, Bibliothek und Archiv der Evangeliumsgemeinschaft Mittlerer Osten / Wiesbaden, Staatsarchiv Basel, Archiv der Pilgermission St. Chrischona, Bibliothek des Evangelischen Oberkirchenrats / Stuttgart.

Meinen Eltern, Marianne und Manfred Baumann, danke ich dafür, daß sie meinen Weg in den zurückliegenden Jahren begleitet und ermöglicht haben.

Besonderer Dank gilt meiner Frau Martina, die mich bei meiner Arbeit mit viel Verständnis immer wieder unterstützt und ermutigt.

Rheinfelden, Oktober 1998 — Andreas Baumann

Einleitung

Bei der „Apostelstraße“ handelt es sich um ein Missionsprojekt des 19. Jahrhunderts, einem Zeitalter der Weltentdeckung und enormer technischer Fortschritte. In dieser Zeit, in der fast alles machbar schien, herrschte auch unter vielen Christen Aufbruchstimmung.[1] Waren nicht die neuen Reise- und Kommunikationsmöglichkeiten göttliche Vorbereitung für eine weltumfassende Evangeliumsverkündigung? So konnte Christian Friedrich Spittler, der Gründer der Pilgermission St. Chrischona und zahlreicher anderer christlicher Werke,[2] in einem Bericht schreiben:

> Der Zeitgeist ist jetzt in Egypten durch die Eisenbahnen und den Handel sehr thätig, warum soll nicht auch für das Reich Gottes etwas Rechtes gethan werden ...[3]

Um einen zuverlässigeren Zugang zu dem abgelegenen Missionsfeld in Abessinien zu schaffen, entwarf Spittler zusammen mit Ludwig Krapf den Plan der „Apostelstraße“: Es ging darum, eine Kette von zwölf Handels- und Missionsstationen entlang des Nil zu errichten. Dabei sollte jede Station nach einem Apostel benannt werden. Auch wenn dieses Unternehmen, „das lange Zeit ein Lieblingsgedanke und Gegenstand eifrigster Bemühungen des ‚Vater Spittler‘ in Basel war“[4], schon wenige Jahre nach Beginn wieder aufgegeben werden mußte, verdient es doch noch heute Beachtung.

Zum einen geht es dabei um ein Missionsprojekt in einem Gebiet, „das damals wie heute in den Ländern des Westens stark beachtet wurde“.[5] Zum anderen handelt es sich um ein Projekt, das von Anfang an unter Christen große Aufmerksamkeit fand: Schon

---

[1] Hauzenberger, Basel und die Bibel, S. 167.

[2] Aufgrund seiner zahlreichen Initiativen für das Reich Gottes hat man Spittler auch als „Großunternehmer oder Manager Gottes“ bezeichnet. Frische, „Vorwort“, VII. Ein Überblick über die zahlreichen Werke, die auf Spittlers Anregung und Wirken zurückgehen, findet sich in: Christian Friedrich Spittler – Zum 125. Todestag, S. 21f.

[3] Hauzenberger, a.a.O., S. 167.

[4] Lüttke, „Koptische Kirche“, S. 71.

[5] Veenhof, „Apostelstraße“, S. 352.

1862 hatte der Name des Projekts „bereits die Runde durch fast alle christlichen Blätter der Welt gemacht“.[6] Aber auch heute noch findet das Thema „Apostelstraße“ Beachtung. So widmet sich Winrich Scheffbuch in seinem 1996 erschienenen Buch „Jenseits der endlosen Meere: Abenteuer Weltmission“ in einem Kapitel auch der „‚Apostelstraße‘ von Jerusalem bis nach Afrika“.[7] Auch in zahlreichen missionsgeschichtlichen und missionsgeographischen Darstellungen wird die „Apostelstraße“ immer wieder erwähnt. Bemerkenswert sind dabei die Attribute, die in der Literatur der „Apostelstraße“ gegeben werden: So wird das Projekt u.a. bezeichnet als „denkwürdig“[8], „großartig“[9], „weitausschauend“[10], „höchst beachtenswert“[11], „abenteuerlich“[12], „romantisch“[13] und „wunderschön“[14].

Um so mehr erstaunt es, daß bisher noch keine umfassende Darstellung zu diesem Thema existiert.[15] Überhaupt scheint die wissenschaftliche Forschung bisher weithin an diesem Thema vorbeizugehen. Diese Tatsache ist um so erstaunlicher, als eine Fülle von Originalquellen erhalten ist: Gedruckte Rundbriefe und Missionsberichte, Sitzungsprotokolle, aber auch Hunderte Seiten an handschriftlichen Briefen und Berichterstattungen.

Absicht der vorliegenden Arbeit ist, zum ersten Mal eine umfassende Darstellung des Themas zu bieten. Dabei soll es, soweit möglich, zur Klärung einiger umstrittener Kernfragen kommen: Wann und durch wen kam es zur Idee für die „Apostelstraße“? Welche Ursachen führten zum Scheitern des Projektes? Wie ist das

[6] Ostertag (Hg.), „Missionszeitung: Methodistenkirchen“, S. 266.

[7] W. Scheffbuch, Abenteuer Weltmission, S. 138–147.

[8] Ostertag (Hg.), „Missionszeitung: Pilgermission“, S. 187.

[9] Vischer, Bleibende Frucht, S. 67.

[10] Richter, Mission im Orient, S. 249.

[11] vom Orde, Carl Mez, S. 227.

[12] Rudersdorf, Dora Rappard, S. 42. Richter, Mission im Orient, S. 249.

[13] Feller, Martin Flad, S. 9.

[14] D. Rappard, Carl Heinrich Rappard, S. 69.

[15] Den bisher umfassendsten Beitrag bietet das Referat „Die Apostelstraße“ von Jan Veenhof, das er im Juni 1974 auf der internationalen Tagung „Der Pietismus in den Niederlanden und seine internationalen Beziehungen“ hielt. Veenhof, a.a.O.

Verhalten der Verantwortlichen zu beurteilen? Welchen Ertrag brachte die „Apostelstraße"?

Aufgrund des vorgegebenen Rahmens und Umfangs einer M.A.-Abschlußarbeit mußte sich der Autor weitgehend auf die Darstellung und Bewertung der wesentlichen historischen Fakten beschränken. Ein Schwerpunkt lag dabei auf der Einbeziehung der Originalquellen aus den Spittler-Archiven auf St. Chrischona und beim Staatsarchiv Basel.

Viele Einzelthemen konnten nicht weitergehend bearbeitet werden, obwohl sie gerade für die heutige Missionssituation interessant gewesen wären: Was könnte man z.B. aus der Art der Finanzierung der „Apostelstraße" lernen für die heutige Situation, in der die Gelder für Missionsprojekte knapp geworden sind? Welche Erkenntnisse könnte man für das Verhältnis von Heimatkomitee, Feldkomitee, Leiter vor Ort und „einfachem Missionar" gewinnen? Viele dieser Fragen wären einer weiteren Untersuchung wert.

Von daher versteht sich die vorliegende Arbeit nicht als eine abschließende Behandlung des Themas. Vielmehr soll erstmals ein umfassender Überblick gegeben werden, der neu zur Beschäftigung mit dem Projekt „Apostelstraße" und zum Weiterforschen an diesem Thema anregt.[16]

---

[16] Der Autor ist an weiteren Einzelheiten zum Thema „Apostelstraße" interessiert, die sich z.B. aus einer weitergehenden Erforschung der Korrespondenz der Hauptinitiatoren der Apostelstraße (Spittler, Krapf, Gobat) ergeben könnten. Allein Spittlers Korrespondenz soll ca. 25000 Briefe umfassen. Haag, „Wohin er mich ruft", S. 7.

Abkürzungen

AIM	Afrika-Inland-Mission
AMZ	Allgemeine Missionszeitschrift
Br.	Bruder, Brüder
CIM	China-Inland-Mission
CLS	Christlicher Literatur-Service
CMA	Christian and Missionary Alliance
CMS	Church Missionary Society
DMG	Deutsche Missionsgemeinschaft
EMM	Evangelisches Missions-Magazin
EMO	Evangeliumsgemeinschaft Mittlerer Osten
KSPM	Komiteesitzungen der Pilgermission
LIM	Livingstone Inland Mission
PA	Privatarchiv
PM	Pilgermission
SA	Staatsarchiv
SPM	Sudan-Pionier-Mission
SUM	Sudan United Mission
WWZ	Wirtschaftswissenschaftliches Zentrum der Universtität Basel

I. Die Vorgeschichte des Projektes „Apostelstraße“

1. Die Geschichte der evangelischen Missionsarbeit in Ägypten bis zur Mitte des 19. Jahrhunderts[1]

Der erste Versuch einer kontinuierlichen Missionsarbeit in Ägypten von evangelischer Seite geht auf die Brüdergemeine zurück, die ab 1752 mehrere Brüder nach Ägypten aussandte. Ursprünglich hatte man das Ziel, bis nach Abessinien weiterzureisen und dort eine Arbeit aufzubauen. Ein erster Versuch, in Abessinien einzureisen, mißlang jedoch, und später hatte man den Eindruck, daß in Abessinien mit einer lohnenden Missionsarbeit nicht zu rechnen sei.[2] So begann man mit einer Arbeit in Ägypten, zuerst in Kairo, später auch in Behnesse. Nachdem 1782 der in Kairo praktizierende Missionsarzt Dr. Hocker gestorben war und es 1783 zu Unruhen im Land kam, mußte die Arbeit der Brüdergemeine jedoch wieder aufgegeben werden.[3]

Im Namen der Church Missionary Society (CMS) reiste W. Jowett 1819, 1820 und 1823 jeweils für einige Monate nach Ägypten, um mit den Verantwortlichen der Koptischen Kirche über eine Erweckung ihrer Kirche zu sprechen.[4] Ende des Jahres 1825 wurden dann fünf Missionare aus dem Basler Missionshaus im Namen der CMS nach Ägypten gesandt.[5]

---

1 Zur römisch-katholischen Mission: Lüttke, „Koptische Kirche“. Blumhardt, Missionsgeschichte und Missionsgeographie, S. 223f. Latourette, Northern Africa and Asia , S. 23f.

2 Beck, Mission der Brüdergemeine, S. 135f.

3 Blumhardt, a.a.O., S. 224f. Zur Missionsarbeit der Herrnhuter in Ägypten: Bechler, Herrnhuter in Ägypten.

4 Church Missionary Society (Hg.), CMS-Atlas, S. 70.

5 Church Missionary Society (Hg.), a.a.O., S. 70. Neill gibt fälschlicherweise das Jahr 1818 für die Aussendung der fünf Missionare an. Neill, Geschichte der christlichen Missionen, S. 203. Vgl. Latourette, Ausbreitung des Christentums, S. 270. Rohden [Missionsinspektor, Barmen], „Das neuere Aegypten“, S. 550.

Die Missionare Gobat[6] und Kugler reisten später weiter nach Abessinien. Ihre Kollegen Lieder, Müller und Kruse blieben dagegen in Ägypten und arbeiteten schwerpunktmäßig in Kairo. Sie verbreiteten biblische Schriften, hielten arabische Gottesdienste, gründeten Schulen und auch ein theologisches Seminar. Da die Arbeit sehr „unergiebig"[7] war, wurde sie 1862 wieder aufgegeben. Lieder, der trotzdem in Ägypten geblieben war, starb 1865 an der Cholera.[8]

Daneben versuchten ab 1847 die „London Society for Promoting Christianity amongst the Jews" und die Kirche von Schottland in Kairo und Alexandrien speziell Juden mit dem Evangelium zu erreichen.[9]

Mitte des 19. Jahrhunderts nahm auch die Mission der „United Presbyterian Church of North America" ihre Arbeit in Ägypten auf. In den ersten Jahren gelang es den Presbyterianern nur mühsam, in Kairo (1854) und in Alexandrien (1857) Fuß zu fassen.[10] Erst ab 1861 begann die Arbeit, langsam Fortschritte zu machen.[11] Im Laufe der folgenden Jahre konnten zahlreiche Missionsstationen, Krankenhäuser, Schulen und auch Seminare errichtet werden. 1873 erstreckte sich die Arbeit im Süden bereits bis nach Luxor.[12] Im Winter schickte man ein Nilboot sogar bis nach Assuan, hauptsächlich um Schriften zu verbreiten.[13] Obwohl das eigentliche Ziel der Presbyterianer „die Belebung der erstarrten koptischen Kirche"[14] war, verzichteten sie im Gegensatz zur CMS nicht auf eigene evangelische Gemeindebildungen. So wurde die Arbeit

---

6 Zu Gobat (1799–1879): Samuel Gobat: Evangelischer Bischof in Jerusalem.

7 Neill, a.a.O., S. 203.

8 Church Missionary Society (Hg.), a.a.O., S. 70f. Zur Arbeit Lieders: Rohden, a.a.O., S. 550f. Lüttke, „Koptische Kirche", S. 69–71.

9 Latourette, Ausbreitung des Christentums, S. 270. Rohden, a.a.O., S. 556.

10 Richter, Mission im Orient, S. 244. Warneck, „Quartalbericht: Afrika", S. 176. Moritz Lüttke, der sieben Jahre lang Pastor der deutschen evangelischen Gemeinde in Alexandrien war, datiert den Beginn der Arbeit erst auf 1855. Lüttke, „Koptische Kirche", S. 74.

11 Gundert, Evangelische Mission, S. 235.

12 Gundert, a.a.O., S. 235.

13 Richter, Mission im Orient, S. 244.

14 Richter, Mission im Orient, S. 244.

Abb. 1: Samuel Gobat (1799–1879)

der Presbyterianer, die ab 1875 langsam aber stetig wuchs,[15] zur Grundlage für die „Coptic Evangelical Church", eine Kirche von Kopten, die evangelisch geworden waren.[16]

Kleinere Missionsversuche durch die Methodisten (1825),[17] durch Mary Whately (1861)[18] und durch den holländischen Pastor Witteveen (1870)[19] blieben ohne vergleichbare Auswirkungen. Das gleiche gilt auch für die Krankenhausarbeit der Kaiserswerther Diakonissen in Alexandrien (1856) und in Kairo (1870).[20]

Einen entscheidenden Aufschwung erlebte die evangelische Missionsarbeit nach der Besetzung Ägyptens durch die Engländer im Jahre 1882 hauptsächlich durch die Wiederaufnahme der Arbeit durch die CMS.[21]

Mitte des 19. Jahrhunderts, als das Missionsprojekt „Apostelstraße" seinen Anfang nahm, war es jedoch noch keiner evangelischen Mission gelungen, eine fruchtbare und dauerhafte Arbeit in Ägypten zu etablieren.

---

15 Einzelheiten über diese Arbeit, vor allem in Kairo, finden sich in: Lüttke, „Koptische Kirche", S. 74–79.

16 Fiedler, Glaubensmissionen, S. 105. Lüttke, „Koptische Kirche", S. 78 [Bei der in der AMZ 7 angegebenen Seitenzahl ‚87' handelt es sich um einen Druckfehler].

17 Die Methodisten errichteten 1825 in Alexandrien u.a. eine arabische Schule, mußten aber nach wenigen Jahren aufgeben. Blumhardt, a.a.O., S. 225.

18 Mary Whately, eine Tochter des Erzbischofes von Dublin, gründete ab 1861 in Kairo mehrere Schulen für muslimische Jungen und Mädchen. Richter, Mission im Orient, S. 253.

19 Richter, Mission im Orient, S. 249. Lüttke, „Koptische Kirche", S. 72f. Vgl. Kapitel V. 2.

20 Latourette, Ausbreitung des Christentums, S. 271. Moritz Lüttke bringt die Gründung des Krankenhauses in Alexandrien in Verbindung mit einem Aufenthalt Fliedners im Jahre 1858. Lüttke, Aegyptens Neue Zeit, S. 429–430.

21 Neill, a.a.O., S. 243.

2. Die Ursprünge der Idee einer Kette von Missionsstationen

Die Idee, eine Kette von mehreren Missionsstationen zu schaffen,[22] hatte Spittler schon lange vor seinen Plänen zur „Apostelstraße", ohne dabei auf ein bestimmtes Gebiet festgelegt zu sein.

Bereits 1828 war im Rahmen des Basler Jünglingsvereins die Idee aufgekommen, einfache Handwerker als Boten des Evangeliums auszusenden. Im Februar 1829 wurde mit dem Bäckergesellen Johannes Mühlhäuser vom Basler Jünglingsverein der erste „Pilgermissionar" nach Österreich ausgesandt, um dort evangelistisch zu wirken. Im August 1829 reiste bereits der zweite, der Schustergeselle Christian Ankerle, nach Wien.[23] Wie Ernst Staehelin vermutet, spielte schon dabei die Idee eine Rolle, durch die Errichtung einer Kette von Missionsstationen eine Verbindung zu einem abgelegenen Missionsfeld zu schaffen:

> Bei dieser Aussendung gerade nach Österreich scheint der Gedanke eine Rolle gespielt haben [sic!], mit den daselbst zu errichtenden Stationen eine gewisse Verbindung zu den Kolonien bei Odessa und im Kaukasus herzustellen, die vor allem von schwäbischen Pietisten ... gegründet worden waren, und in denen seit 1821 Zöglinge der Basler Mission wirkten.[24]

Vor allem mit dem Basler Missionar Felician von Zaremba[25], der zuerst in Südrußland und später im Kaukasus arbeitete, stand Spittler in Verbindung. Immer wieder äußerte dieser die Bitte, ihm „tüchtige, christlich gesinnte Handwerker und Lehrer", aber auch „evangelische Prediger" für die deutschen Kolonien zu schicken.[26]

Tatsächlich bat Spittler 1829 seinen Freund Dr. Hahn in Lausanne, zu ihm nach Basel zu kommen und sich an einem „Straßenbauprojekt" zu beteiligen:

---

[22] Klaus Fiedler führt in seiner Dissertation über die Geschichte der Glaubensmissionen dafür die Bezeichnung „Kettenidee" ein. Fiedler, Glaubensmissionen, S. 107.

[23] Zur Arbeit der Brüder Mühlhäuser und Ankerle in Österreich: Vischer, Bleibende Frucht, S. 63f.

[24] Staehelin, Christentumsgesellschaft, S. 13.

[25] Zu Felician von Zaremba (1794–1874): Katterfeld, Zaremba.

[26] Kober, Spittler's Leben, S. 109f.

> Dieser projektierte Straßenbau soll ein Weg werden für fromme Pilger, welche als Lehrer oder Handwerker oder Landbauer nach dem südlichen Rußland zu ziehen geneigt wären.[27]

Ziel war es, solchen „Pilgern" durch die Anlegung einer Kette von Missionsstationen die Reise ins südliche Rußland zu erleichtern, indem man ihnen „unentgeltlich oder wenigstens möglichst billig" Unterkunft und Verpflegung bot. Zaremba unterstützte dieses Projekt Spittlers nach Kräften und betete fleißig dafür.[28]

Das Projekt scheiterte aber schon bald daran, daß die Brüder in Österreich sich bei den dortigen Behörden verdächtig machten, „Begründer geheimer Vereine" zu sein. Sie landeten im Gefängnis und wurden schließlich 1832 bzw. 1833 in ihre württembergische Heimat abgeschoben.

Jahre später sprach Spittler in einem Brief an den Korntaler Pfarrer Kapff von einem ähnlichen „Straßenbau-Projekt in die Heidenländer", in denen Missionare der Basler Mission arbeiteten. Er forderte die Missionsfreunde auf, sich Gedanken darüber zu machen, wie man solche Reiseposten so anlegen könne, daß möglichst wenig Geld für Reisekosten ausgegeben werden müsse.[29]

Die Idee einer Kette von Missionsstationen gewann durch den Basler Missionar Johann Ludwig Krapf[30] größere Bekanntheit. 1837 wurde er von der CMS nach Abessinien entsandt. Schon bald hätte er seine Arbeit gerne unter die heidnischen Galla-Stämme verlegt, da er bei ihnen eine größere Offenheit spürte.[31] Ein Galla-Gouverneur wollte sich von ihm sogar taufen lassen. Krapf aber verweigerte dem Gouverneur diese Bitte, da dieser überhaupt nicht im christlichen Glauben unterwiesen war. Der Gouverneur bat ihn daraufhin, zu den Gallas zu kommen und sie zu unterrichten. Krapf versprach zu kommen, sobald er einen Mitarbeiter von seiner Mission geschickt bekäme.[32] Auch nachdem Krapf aufgrund des Betreibens von Jesuiten Abessinien verlassen mußte,[33] beschäftigte ihn der

---

27 Staehelin, a.a.O., S. 13.

28 Kober, a.a.O., S. 110.

29 Kober, ebd.

30 Zu Ludwig Krapf (1810–1881): Claus, Dr. Ludwig Krapf. Krapf, Reisen in Ostafrika – Neudruck.

31 Claus, a.a.O., S. 41.

32 Claus, a.a.O., S. 43.

33 Eber, „Morgenröte des Reiches Gottes", S. 75f.

Gedanke immer wieder, wie er eine Arbeit unter den Gallas beginnen könne.[34] Krapf ließ sich schließlich in Mombasa nieder, da er meinte, die Gallas von dort aus am ehesten erreichen zu können.[35] Er mußte allerdings bald einsehen, daß das bei den damaligen Verhältnissen nicht möglich war.[36] Deshalb beschäftigte er sich von da an in Gedanken noch intensiver mit dem Gebiet des damals noch unbekannten Innern Afrikas.

Krapf hatte die große Vision, eine Kette von Missionsstationen durch ganz Zentralafrika anzulegen, um die beginnende Arbeit in Ostafrika mit der bereits bestehenden westafrikanischen Mission zu verbinden:

> Mein Gemüth war damals oft so von dem Gedanken an die Bekehrung Afrika's hingenommen, daß ich berechnete, wie viele Missionarien und Ausgaben erforderlich seyn könnten, um Afrika von Ost nach West mit Missionsstationen zu besetzen. Ich nahm an, daß es etwa 900 Stunden von Mombas bis zum Gabun-Fluß in West-Afrika sei, wo die Amerikaner ... eine Mission gegründet ... hatten. Wenn nun alle 100 Stunden eine Station mit vier Missionarien aufgestellt würde, so würde man neun Missionsstationen und 36 Missionarien brauchen, die ungefähr 40 bis 50,000 Gulden jährlich kosten würden. Würde man alle Jahr von Ost und West zugleich vorrücken, so müßte meiner Ansicht nach, die Missionskette in vier bis fünf Jahren fertig seyn.[37]

Mit dieser Missionskette sollte auch eine Barriere gegen das Eindringen des Islam nach Süden aufgebaut werden.[38] Für diesen großen Plan sandte man Krapf zunächst allerdings nur einen einzigen Mitarbeiter: Johannes Rebmann[39]. Nach wenigen Monaten gründeten die beiden unter großen Strapazen die erste Station unter dem Stamm der Wanika im Dorf Rabbai. Von dieser ersten Station aus

---

[34] Claus, a.a.O., S. 59. 68. „The whole life of Johann Ludwig Krapf was grasped by one living vision – to reach the Galla people ... with the gospel." Sahlberg, From Krapf to Rugambwa, S. 23.

[35] Claus, a.a.O., S. 69.

[36] Die abessinischen Priester ließen ihn nicht mehr ins Land. Maisch, Gute Nachricht, S. 87.

[37] Krapf, Reisen in Ostafrika, S. 213.

[38] Oehler, Geschichte der deutschen evangelischen Mission, S. 159.

[39] Johannes Rebmann (1820–1876) war im Basler Missionshaus ausgebildet worden und arbeitete ebenfalls für die CMS. Bekannt wurde er als „Entdecker" des Kilimandscharo. Zu Johannes Rebmann: Tucker, Missionsgeschichte in Biographien, S. 142–148.

unternahmen sie Entdeckungsreisen ins unbekannte Landesinnere, um zu erkunden, wo man neue Missionsstationen aufbauen könnte.

Während eines Heimataufenthaltes Krapfs im Jahre 1850 erklärte sich das Komitee der CMS dazu bereit, Krapf drei deutsche Missionare und drei deutsche Mechaniker als Verstärkung mitzugeben.[40]

Zu einer wirklichen Verstärkung in der Arbeit kam es allerdings nicht, da die neuen Kräfte sich entweder anderen Arbeiten zuwandten oder aber aus Gesundheitsgründen ihren Dienst nicht tun konnten. Trotz dieser Enttäuschung wollte Krapf, seiner großen Vision entsprechend, die Missionskette ausbauen. Es kam deshalb zur Auseinandersetzung mit Rebmann, der zunächst die Arbeit auf der ersten Station konsolidieren wollte. So zog Krapf allein aus, um eine zweite Station zu eröffnen. Er scheiterte allerdings bald und konnte nur noch mit allergrößter Mühe lebend wieder nach Rabbai zurückkehren.[41] Auch nach dieser bitteren Erfahrung gab Krapf die Hoffnung nicht auf, daß die Missionskette sich verwirklichen ließe. Allerdings sah er ein, daß er zu voreilig an die Verwirklichung seiner Vision gegangen war:

> Die Basler Mission tut daher sehr wohl daran, wenn sie nicht so sehr eilt, die fernen Stämme im Innern zu erreichen, sondern es sich angelegen sein läßt, eine feste Basis zu gewinnen. Es hat eben in der Mission, wie in allen Dingen Alles [sic!] seine Zeit und Entwicklung.[42]

3. Das Engagement der Pilgermission St. Chrischona im Orient Mitte des 19. Jahrhunderts

a) Das Brüderhaus in Jerusalem

In Palästina begann eine Periode der Öffnung für europäische Einflüsse, nachdem der Statthalter Ägyptens, Muhammad ʻAli, sich vom Osmanischen Reich unabhängig gemacht und 1831 Syrien

---

40 Claus, a.a.O., S. 133.
41 Maisch, a.a.O., S. 97f.
42 Claus, a.a.O., S. 141.

Abb. 2: Dr. Johann Ludwig Krapf (1810–1881)

und Palästina okkupiert hatte.[43] In christlichen Kreisen Europas kam es dadurch zu mancherlei heilsgeschichtlichen Hoffnungen in bezug auf Jerusalem.[44] Auch Christian Friedrich Spittler wurde von dieser Perspektive erfaßt und trug sich mit dem Gedanken, eine Arbeit in Palästina zu beginnen. Er hatte bereits 1834

> ... eine lange Unterredung mit ihm [Samuel Gobat] und teilte ihm mit, wie sehr ihm das Morgenland und ganz besonders Palästina, und hier vor allem Jerusalem, am Herzen liege, und wie es sein Sehnen sei, dort etwas anzufangen für die Sache des Herrn, da er gewiß glaube, daß von Jerusalem aus etwas geschehen müsse, um dem ganzen Orient das Licht des Evangeliums zuströmen zu lassen.[45]

Nachdem die Türken mit Hilfe von England, Rußland, Österreich und Preußen die Herrschaft über Palästina wiedererlangt hatten, setzten sie in den vierziger Jahren die Politik der Öffnung gegenüber europäischen Einflüssen fort.[46]

Auf Initiative König Friedrich Wilhelms IV. von Preußen wurde 1841 das englisch-deutsche „Evangelische Bistum in Jerusalem“ errichtet.[47] Anglikaner und Protestanten sollten somit eine gemeinsame Vertretung im Vorderen Orient erhalten. Nachdem der erste Amtsinhaber, der jüdische Konvertit Michael Salomo Alexander, bereits in Jahre 1845 verstorben war, wurde im März 1846 Samuel Gobat zum Evangelischen Bischof in Jerusalem ernannt.[48] Da Gobat und Spittler eng befreundet waren, war mit der Ernennung Gobats für Spittler die Zeit gekommen, seine Palästina-Pläne in die Tat umzusetzen.[49] Spittler schrieb darüber:

> Meine Absicht ist die: ein Brüderhaus, wie vor hundert Jahren die Brüdergemeine ihre Missionen anzufangen gewohnt war, in Jerusalem zu errichten, damit die armen Leute dort an einem lebendigen Beispiel mit Augen sehen, wie wahre Christen untereinander leben, beten und arbeiten, ihre Umgebung mit Liebe behandeln und mit Rat und Tat ihnen zu helfen suchen ... Reisegeld ist da, wenn auch sparsam. Ich lege die Sache fortwährend in Gottes

---

[43] Foerster, Jerusalems-Verein, S. 25.
[44] Staehelin, a.a.O., S. 14.
[45] Carmel, „Spittlers Beitrag“, S. 148.
[46] Foerster, a.a.O., S. 25.
[47] Foerster, a.a.O., S. 28ff.
[48] Staehelin, a.a.O., S. 20.
[49] Eine ausführliche Untersuchung der Tätigkeiten der Pilgermission in Palästina findet sich in: Carmel, Pioniere im Heiligen Land.

> Gnadenhand. Sein heiliger Wille geschehe, nicht der meinige, soll geschehen! Das Ganze ist eine Glaubenssache![50]

Grundlage für diese Pläne Spittlers war die im Jahr 1840 von ihm in der Kirche St. Chrischona bei Basel gegründete Pilgermission.[51] Mit ihr hatte Spittler seinen lange gehegten Wunsch in die Tat umsetzen können, eine Ausbildungsstätte für „Pilgermissionare" zu schaffen[52] und dort

> ... einen neuen Typ von Missionaren auszubilden, Handwerker, die im Stil des damaligen Gesellenwanderns sich überall in der Welt ansässig machen sollten, wo Zeugen für Gott nötig waren.[53]

Am 6. September 1846 reisten die ersten zwei Chrischonabrüder[54] von Basel aus nach Jerusalem ab. Conrad Schick sollte als Schlosser und Mechaniker arbeiten, Ferdinand Palmer als Seifensieder und Chemiker. Eineinhalb Jahre später wurden zwei weitere Brüder von St. Chrischona nach Jerusalem geschickt: Der Uhrmacher Samuel Müller und der Dreher und Weber Heinrich Baldensperger. Ihren Unterhalt sollten sie selbst verdienen, obwohl Missionar Nicolayson, „einer der besten europäischen, christlichen Kenner der dortigen Verhältnisse",[55] auf die Schwierigkeiten bei der Ausübung eines Gewerbes in Palästina hingewiesen hatte.[56] Die Praxis erwies, daß es den Brüdern nur unter Aufwendung aller Kräfte möglich war, ihren eigenen Lebensunterhalt zu sichern. Zeit und Kraft für ihre geistlichen Aufgaben blieben ihnen kaum noch.[57] Spittler war sich dieses Problems bewußt und versuchte, Gelder für Jerusalem zu sammeln. Er war aber immer noch der Überzeugung, daß eine

---

50 C.H. Rappard, Pilgermission 1840–1908, S. 97.

51 Zur Gründung der Pilgermission St. Chrischona: C.H. Rappard, a.a.O., S. 44ff.

52 Staehelin, a.a.O., S. 14ff.

53 Heyer, „St. Chrischona in Äthiopien", S. 136.

54 Es war üblich, Absolventen der Pilgermissionsanstalt St. Chrischona mit der Anrede „Bruder" (Br.) anzusprechen. Im Kontext der Missionsarbeit bedeutet die Bezeichnung „Bruder" also nichts anderes als bei anderen Missionsgesellschaften etwa die Bezeichnung „Missionar".

55 Carmel, „Spittlers Beitrag", S. 152.

56 Als Schwierigkeiten für ein Gewerbe sah Nicolayson vor allem den Mangel an vorhandenen Materialien und den Mangel an Absatzmöglichkeiten. Carmel, „Spittlers Beitrag", S. 153.

57 Carmel, „Spittlers Beitrag", S. 162f.

Abb. 3: Christian Friedrich Spittler (1782–1867)

weitgehende Selbstversorgung der Brüder möglich sein würde, wenn es gelänge, eine größere Kolonie von Brüdern in Palästina anzulegen.[58] Die Realität aber war eine andere: Im zunehmend notleidenden Brüderhaus in Jerusalem kam es unter den Brüdern zu Spannungen und zu Unzufriedenheit.[59]

Als Schick und Palmer zu heiraten wünschten, gab Spittler schließlich die Einwilligung, daß sie in Jerusalem Anstellungen bei anderen Werken annehmen durften. Palmer und später auch Baldensperger traten daraufhin in den Dienst der Knabenschule Gobats. Schick wechselte als Arbeitsaufseher in die Judenmission von Missionar Nicolayson.[60]

b) Der Einspruch der Basler Mission gegen die außenmissionarische Tätigkeit der Pilgermission

Als Gobat 1852 mit seiner Familie zur Erholung für einige Zeit in Beuggen weilte, machte Spittler ihm den Vorschlag, mit Brüdern von St. Chrischona die 1843 abgebrochene Arbeit der CMS in Abessinien wieder aufzunehmen.[61] Ein Anstoß für diese Idee Spittlers war die Bitte eines Galla-Mädchens namens Pauline Fatmeh,

---

[58] Im Januar 1849 plante er, zu den vier Brüdern sechs weitere nach Jerusalem zu senden. Alex Carmel spricht in diesem Zusammenhang von einer „gewisse[n] Phantasterei Spittlers in bezug auf Palästina". Carmel, „Spittlers Beitrag", S. 164.

[59] Carmel, „Spittlers Beitrag", S. 164.

[60] Nach Schicks Austritt aus dem Brüderhaus begann für ihn eine unerwartete Laufbahn. Er wurde „… über fünfzig Jahre lang … zu dem Erbauer Jerusalems … Mehrere Ausgrabungen und Entdeckungen sowie Hunderte von wissenschaftlichen und populären Artikeln und Abhandlungen machten Schick gegen Ende des 19. Jahrhunderts zu einem der größten Forscher und Kenner des Heiligen Landes." Er wurde „Königlich-Württembergischer Baurat, Ritter des K. Preuß. Kronenordens, des K.K. Österreichischen Franz-Joseph-Ordens, Kommentur des K. russischen Stanislaus-Ordens, Inhaber der großen goldenen Medaille für Kunst und Wissenschaft …" Carmel, „Spittlers Beitrag", S. 166.

[61] Staehelin, a.a.O., S. 21. Nach Spittlers Erinnerung war es Gobat, der diesen Gedanken einbrachte. Gobat war dagegen gewiß, der Gedanke sei von Spittler. „Gobat an Spittler, 9. Juni 1854", in: Staehelin, a.a.O., S. 598. „Spittler an Gobat, 15. Juli 1854", in: Staehelin, a.a.O., S. 599.

bei dessen Taufe Spittler Pate gewesen war. Brieflich bat sie Spittler immer wieder, er möge sich doch ihres Volkes, der Galla, in Ostafrika annehmen und dafür sorgen, daß sie das Evangelium hören könnten.[62]

Gobat machte den Vorschlag, neue Brüder von St.Chrischona ins Brüderhaus nach Jerusalem zu schicken, damit sie sich dort auf eine Missionstätigkeit in Abessinien vorbereiten könnten. Gobat hoffte, aus England Unterstützung für diese Pläne zu erhalten.[63]

Spittler brachte bereits im Januar 1853 die Absicht zum Ausdruck, „baldmöglichst" einige Brüder nach Jerusalem zu senden und sie nach einer einjährigen Vorbereitungszeit nach Abessinien weiterziehen zu lassen.[64] Sechs Brüder wurden dazu ausgewählt und erhielten von dem früheren Abessinienmissionar Isenberg Unterricht im Amharischen, der Landessprache Abessiniens. Zur Aussendung der Brüder kam es dann allerdings nicht so bald wie erwartet.

Das Komitee der Basler Mission, dessen Mitglied Spittler immer noch war, wandte sich wegen dieser Pläne mit einem Schreiben an Spittler.[65] Es äußerte seine Bedenken darüber, „daß die Anstalt auf dem Berg zu einer zweiten Missionsanstalt erhoben" werde.[66] Spittler wurde gebeten, sich mit der Pilgermission auf die Innere Mission und auf die Arbeit in Nordamerika[67] zu beschränken, denn es sollte nicht zu einer Konkurrenzsituation und somit zu einer Aufspaltung der Missionskräfte kommen.

In seinem Antwortschreiben an das Basler Komitee[68] brachte Spittler zum Ausdruck, wie verletzt und enttäuscht er über diese Bedenken war. Unter anderem bezeichnete er die von ihm erwartete

---

62 C.H. Rappard, a.a.O., S. 119. Heyer, a.a.O., S. 135.

63 Spittler an Samuel Müller (Kopie), 22. Oktober 1852, SA Basel, PA 653, C4. Auszugsweise zitiert in: Carmel, „Spittlers Beitrag", S. 167.

64 C.H. Rappard, a.a.O., S. 120.

65 Abgedruckt in: Kober, a.a.O., S. 258–262.

66 C.H. Rappard, a.a.O., S. 121.

67 Insgesamt arbeiteten in den folgenden Jahrzehnten fast dreihundert Chrischonabrüder in den USA. Staub (Hg.), 125 Jahre Pilgermission, S. 30.

68 „Spittler an Komitee der Basler Mission, 24. August 1853", in: Staehelin, a.a.O., S. 596–597. Abgedruckt in: Kober, a.a.O., S. 262–267. Abgedruckt im Anhang.

Beschränkung als „Opferung seines Lieblingskindes". Dennoch unterwarf er sich schweren Herzens der Bitte des Basler Komitees:

> Ihr Begehren ist ferner an mich, der Beschränkung auf die innere Mission und Nordamerika mich zu unterwerfen. Das will ich thun ... Dabei bleibt mir natürlich vorbehalten, auf Verlangen an einzelne Personen und Gesellschaften nah und fern Arbeitsbrüder abzugeben.[69]

Der Vorbehalt, Brüder nach eigenem Ermessen anderen Missionen zur Verfügung stellen zu dürfen, ermöglichte es Spittler schließlich doch noch, seine Abessinienpläne zu verwirklichen.

c) *Die Arbeit der Pilgermissionare in Abessinien*

Bischof Gobat entschloß sich nun dazu, die Abessinienmission selbst in die Hand zu nehmen. Die Finanzierung der Arbeit wollte Gobat mit Hilfe englischer Missionsfreunde ermöglichen. Die Pilgermission sollte die Brüder zur Verfügung stellen und außerdem die Reise nach Jerusalem und den Aufenthalt dort finanzieren. Johann Ludwig Schneller,[70] der bisherige Hausvater von St. Chrischona, wurde zum neuen Vorsteher des Brüderhauses in Jerusalem berufen. Zusammen mit seiner Frau und den sechs Brüdern Bender, Flad, Schumacher, Mayer, Gruhler und Kienzle reiste er am 2. Oktober 1854 nach Jerusalem ab.[71]

Als der frühere Abessinienmissionar Dr. Ludwig Krapf 1854 nach einem Europaaufenthalt wieder auf sein Arbeitsfeld in Ostafrika zurückkehren wollte, erklärte er sich bereit, zusammen mit einem Chrischonabruder die Situation in Abessinien zu erkunden. Bischof Gobat gab ihm von Jerusalem aus den Chrischonabruder Martin Flad als Begleitung mit. Von dieser Reise nach Abessinien brachte Flad einen verheißungsvollen Brief des Königs mit, in dem dieser an Bischof Gobat schrieb: „Daß du sagtest, ich will dir

---

69 „Spittler an Komitee der Basler Mission, 24. August 1853", in: Staehelin, a.a.O., S. 597.

70 Ludwig Schneller (1820–1896) wurde später bekannt durch die Arbeit des Syrischen Waisenhauses, das er zunächst im Auftrag der Pilgermission gründete, später aber unabhängig weiterbetrieb. Carmel, „Spittlers Beitrag", S. 175. Zu Johann Ludwig Schneller: Schneller, Vater Schneller 1904.

71 Carmel, „Spittlers Beitrag", S. 169.

Arbeiter senden, das freut mich, sende sie mir."[72] So beschloß Gobat, bereits im Dezember 1855 die vier Chrischonabrüder Flad, Bender, Kienzle und Mayer nach Abessinien zu senden.[73]

Die Brüder erreichten Abessinien im Mai 1856 und wurden sowohl vom König, als auch vom Abuna, dem leitenden koptischen Geistlichen Abessiniens,[74] freundlich aufgenommen. In den ersten Jahren fanden sie vielfach Gelegenheit, Bibeln zu verbreiten und das Evangelium zu verkündigen. Als Gobat 1856 wieder in Europa war, vereinbarte er mit Spittler, die Arbeit in Abessinien zu intensivieren „und einen Schritt um den anderen vorwärts zu gehen, so wie der Herr dazu Wink und Gnade gebe".[75] Besondere Aufmerksamkeit wollten sie dem südlich von Abessinien gelegenen Galla-Land schenken.[76] Die inzwischen im Riehener Diakonissenmutterhaus verstorbene Pauline Fatmeh hatte ihren Taufpaten Spittler noch auf dem Sterbebett eindringlich darum gebeten, daß er sich ihres Volkes annehme und dafür sorge, daß den Gallas das Evangelium gebracht werde.[77] Spittler betrachtete diese Bitte als ein „heiliges Vermächtnis und sann auf Mittel und Wege zur Verwirklichung ihres heißen Wunsches".[78]

In den folgenden Jahren wurden vier weitere Brüder nach Abessinien gesandt. Bald kam es zu einer Aufteilung der Missionare in

---

72 Claus, a.a.O., S. 170.

73 „Gobat an Spittler, 3. November 1855", in: Staehelin, a.a.O., S. 601.

74 „Der nächste im Range nach dem Patriarchen [in der koptischen Kirche] ist der von ihm ernannte, in Gondar residirende Abuna der abessinischen Kirche, welche letztere, von Alters her ein Zweig der ägyptischen Kirche, durch diese Art der Ernennung und der Rangstellung ihres Oberhauptes in eine gewisse organische Verbindung mit der koptischen Kirche gesetzt ist." Lüttke, „Koptische Kirche", S. 10.

75 C.H. Rappard, a.a.O., S. 126.

76 Im Mai 1856 schreibt Spittler an Gobat von seinem Plan, zwölf Chrischonabrüder zu den Gallas zu senden. „Gobat an Spittler, 26. Mai 1856", in: Staehelin, a.a.O., S. 603.

77 C.H. Rappard, a.a.O., S. 126. Spittler und Krapf, „Programm der Apostelstraßen-Mission oder einer Missionsposten-Linie von Jerusalem nach den Nil-Ländern und Central-Afrika im Allgemeinen, und nach Abessinien und den Galla-Ländern insbesondere", [1863], Archiv St. Chrischona, S. 1. Gekürzter Abdruck in: Raupp, Mission in Quellentexten, S. 291f. Vollständiger Abdruck im Anhang.

78 24. Jahresbericht 1872, S. 19.

zwei Gruppen: Die einen widmeten sich ganz der Verkündigung und der Schularbeit, wobei besonders die Falaschas, abessinische Juden, für diese Arbeit offen waren. Aus diesem Grund trat Martin Flad in die Londoner Judenmissionsgesellschaft ein.[79] Zwei weitere Brüder, Staiger und Brandeis, arbeiteten im Dienst der schottischen Missionsgesellschaft ebenfalls unter den Falaschas.

Die zweite Gruppe von Missionaren wurde handwerklich für König Theodoros tätig und versuchte, sein Vertrauen zu gewinnen. König Theodoros, der anfangs großes Interesse für eine Reformation in seinem Land zeigte, nahm die Brüder mehr und mehr durch handwerkliche Aufträge in Beschlag. Nachdem er ihre Bereitschaft mißbraucht hatte und sie in einer Eisengießerei Kanonen für sich herstellen ließ, nahm er schließlich alle Missionare in Haft, um gegen die englische Königin ein Druckmittel zu besitzen. Nach vierjähriger Gefangenschaft konnten die Missionare erst durch den Kriegszug der Engländer im Jahr 1868 befreit werden.[80]

---

[79] Zu Martin Flad (1831–1918): J.M. Flad, Mission unter den Falaschas. Feller, Martin Flad. J. Flad, Ein Leben für Äthiopien.

[80] Heyer, a.a.O., S. 136f. Sidler, Mission in der Krise, S. 98–104.

II. Die Konzeption des Projektes „Apostelstraße“

1. Die Entstehung des Planes „Apostelstraße“

Aus einem Bericht von Christian Gottlob Barth[1] von seiner Reise zum Missionfest in Basel im Jahre 1857 ist ersichtlich, daß Spittler den Gedanken, eine Kette von Missionsstationen von Jerusalem nach Abessinien anzulegen, bereits im Jahre 1857 bewegte:

> Mein erster Gang war zu Spittler, der das neueste Ei des Fälkleins vorlegte, nämlich den Plan, von Jerusalem bis Abessinien eine Reihe von Handelsstationen zu veranlassen, welche den dorthin reisenden Missionaren behilflich sein könnten.[2]

Die erste offizielle Erwähnung dieses Planes in den Unterlagen der Pilgermission findet sich im Sitzungsprotokoll des Komitees der Pilgermission vom 1. Oktober 1858. Spittlers Adoptivsohn Markus Spittler,[3] der sich in England aufhielt, hatte dem Komitee in einem Brief mitgeteilt, daß er der vermögenden Witwe Hillyard in Bath[4] die Arbeit der Pilgermission ans Herz gelegt habe. Da sie schon längere Zeit Gott gebeten habe,

---

1 Zu Christian Gottlob Barth (1799–1862): Raupp, Barth: Leben und Werk.

2 Werner, Christian Gottlob Barth, S. 333. Das „Fälkli“ war eine ehemalige Augustinerherberge in Basel, die Spittler 1812 erworben hatte. Dieser Ort wurde zum „geistlichen Mittelpunkt für die Christentumsgesellschaft“. Haag, Für Gott und Menschen, S. 11. Mit der Formulierung „das neueste Ei des Fälkleins“ spielt Barth darauf an, daß das Fälki bekannt war als die Ideenschmiede Spittlers, in der es ständig zu neuen Impulsen für die Gründung neuer Werke und Einrichtungen kam.

3 Da Spittlers Ehe mit seiner Frau Susanne (geb. Götz) kinderlos blieb, nahmen sie zunächst ein Mädchen, Susette, und später auch einen Jungen, Markus, in Pflege. Beide Kinder adoptierten sie schließlich. Kober, Spittler's Leben, S. 138.

4 Im „Rundschreiben an die Freunde der Pilgermission“ des Jahres 1859 ist dagegen von einer „Frau Hillyard in London“ die Rede. 11. Rundschreiben 1859, S. 7.

... Er möchte ihr zeigen, wo sie mit den großen Mitteln die Er ihr anvertraut, etwas zur Förderung seines Reiches thun könne ..., habe sie sogleich Freudigkeit gefühlt hier zu helfen.[5]

Sie erklärte sich bereit, eine beträchtliche Summe für den anstehenden Kauf des Chrischonagutes zu geben und

... außerdem halte sie es für eine Ehre zu jeder Station bei dem projektirten Straßenbau von Jerusalem nach Abysinien also für 12 Station [sic!] je die ersten 100 £ darzureichen zu dürfen [sic!].[6]

Diese unerwartete Spende ermutigte Spittler, die bisher nur in Gedanken bewegte Idee der Kette von Missionsstationen nun durch konkrete Schritte auch in die Tat umzusetzen.[7] Bereits einen Tag nach der Sitzung des Komitees schrieb er einen Brief an Samuel Gobat, in dem er ihm seine Pläne über die geplante Missionsstraße mitteilte.[8] Gobat zeigte sich

... dem Plane Spittlers, eine Missionsstraße zwischen Jerusalem und Gondar durch Egypten und Nubien hin anzulegen, mehr geneigt als im Anfang.[9]

Bei Hans Hauzenberger findet sich in einer Fußnote die irrtümliche Behauptung:

In ihrer Korrespondenz sind sich Gobat und Spittler nicht ganz einig, wer zuerst die Idee der Apostelstraße entwickelt habe.[10]

Die Briefe, die er als Belegstelle anführt,[11] beziehen sich aber eindeutig nicht auf die „Apostelstraße", sondern auf die Aussendung der ersten Chrischonabrüder nach Abessinien:

---

5 KSPM I, 1. Oktober 1858, S. 94.

6 KSPM I, 1. Oktober 1858, S. 94. Da in diesem Protokoll ohne weitere Erklärung von „dem projektierten Straßenbau" die Rede ist, scheint das Projekt den Mitgliedern des Komitees bekannt gewesen zu sein, auch wenn in den Sitzungsprotokollen des Komitees der vorangegangenen Jahren keine Beratungen bezüglich dieses Projektes erwähnt werden.

7 Kober, a.a.O., S. 314.

8 Das geht hervor aus dem Antwortschreiben Gobats. „Gobat an Spittler, 4. Oktober 1858", in: Staehelin, Christentumsgesellschaft, S. 607–608.

9 Kober, a.a.O., S. 314. Wenn sich diese Formulierung Kobers auf Spittlers Brief vom 2. Oktober bezieht, dann muß Spittler Gobat schon vorher in seine Pläne in bezug auf die Kette von Missionsstationen einbezogen haben.

10 Hauzenberger, Basel und die Bibel, S. 225.

11 „Gobat an Spittler, 9. Juni 1854", in: Staehelin, a.a.O., S. 598–599. „Spittler an Gobat, 15. Juli 1854", in: Staehlin, a.a.O., S. 599.

> Wer den Gedanken mit der Abessinischen Mission zuerst gehabt habe, bleibt unentschieden; mir war es klar, er komme von Ihnen, und Sie sind der Überzeugung, er komme von mir. Wir thun wohl am Besten, wir schieben den Gedanken Abessiniens dem Herrn zu.[12]

Der Gedanke an eine Kette von Missionstationen wird in den genannten Briefen mit keinem Wort erwähnt.

Die mangelnde Unterscheidung zwischen der ersten Aussendung von Missionaren für die Arbeit in Abessinien und der ersten Aussendung von Missionaren für die Arbeit der „Apostelstraße" findet sich in zahlreichen Veröffentlichungen, obwohl Jahre zwischen diesen beiden Ereignissen lagen.

Schon in der Schneller-Biographie von 1904 heißt es bezugnehmend auf die Aussendung Schnellers mit sechs für Abessinien bestimmten Chrischonabrüdern im Jahre 1854:

> So diente das Brüderhaus jetzt nur noch der abschließenden Ausbildung der Missionare, welche Schneller mitgebracht hatte, und welche nach 1 bis 2 Jahren nach Abessinien oder nach der Apostelstraße gesandt werden sollten.[13]

Dem Autor der Biographie, Ludwig Schneller, scheint nicht bewußt gewesen zu sein, daß die Idee der „Apostelstraße" bei Spittler erst durch die Arbeit der nach Abessinien ausgesandten Brüder zustande kam[14] und daß die „Apostelstraße" erst durch eine weitere Aussendung von Brüdern ins Brüderhaus nach Jerusalem im Januar 1860 ihren Anfang nahm.[15] Von den Brüdern, die 1860 die Arbeit auf der „Apostelstraße" begannen, wird in derselben Biographie berichtet, Schneller hätte sie am liebsten zur Arbeit in Palästina behalten, anstatt sie „in die bereits verfallende Arbeit in Abessinien und im Niltal" zu senden.[16] Von einer „verfallenden Arbeit im Niltal" konnte zu diesem Zeitpunkt jedoch keine Rede sein, denn die Arbeit entlang dem Nil mußte erst noch gegründet werden.

Das gleiche Mißverständnis findet sich in der Spittler-Biographie von Karl Rennstich, der eine spätere Ausgabe der Biographie von

---

[12] „Spittler an Gobat, 15. Juli 1854", in: Staehlin, a.a.O., S. 599.
[13] Schneller, Vater Schneller 1904, S. 64.
[14] Kober, a.a.O., S. 301.
[15] C.H. Rappard, Pilgermission 1840–1908, S. 128.
[16] Schneller, Vater Schneller 1904, S. 76.

Ludwig Schneller[17] als Quelle benutzt. Rennstich bezeichnet irrtümlicherweise die schon früher begonnene Arbeit in Abessinien durchweg als „Apostelstraße“:[18]

> Nach Spittlers Vorstellungen sollte Schneller junge Missionsbrüder, die mit ihm zusammen nach Jerusalem reisten, in die arabische Sprache einführen, um dann mit ihnen und mit der Unterstützung von Bischof Gobat die von Spittler schon lange sehnlich gewünschte „Apostelstraße“ nach Abessinien ... aufzubauen.[19]

Rennstich versucht dann die historische Tatsache zu erklären, daß das tatsächliche Anfangsdatum der „Apostelstraße“ das Jahr 1860 war:

> Es bleibt noch nachzutragen die weitere Entwicklung des Projekts einer Apostelstraße in das Innere Afrikas, das von Schneller begonnen worden war ... Durch den Weggang Schnellers verzögerte sich der Aufbau, und die erste der zwölf geplanten Missionsstationen konnte erst 1860 in Kairo eröffnet werden.[20]

Auch in neueren Veröffentlichungen, die zum Teil Rennstichs Spittler-Biographie als Quelle benutzen, wurde die irrtümliche Annahme übernommen, schon der Anfang der Chrischona-Arbeit in Abessinien gehöre zu dem Plan einer Kette von Missionsstationen. So schreibt Klaus Fiedler in seiner Geschichte der Glaubensmissionen in Anlehnung an Rennstich:

> Schon in den 1830er Jahren entwickelte Spittler den auf Felician von Zaremba (1794–1874) zurückgehenden Plan, eine „Pilgerstraße“ von Jerusalem nach Äthiopien anzulegen ... 1846 nahm Spittler die Ernennung des mit ihm befreundeten Samuel Gobat (1799–1879) zum Bischof von Jerusalem zum Anlaß, um dort ein Brüderhaus als Ausgangspunkt der Pilgerstraße einzurichten ... Ab 1858 versuchte Spittler, die Pilgerstraße als ‚Apostelstraße‘ zu verwirklichen ...[21]

---

17 Schneller, Vater Schneller 1925.

18 Rennstich, Nicht jammern – Hand anlegen, S. 117. 167.

19 Rennstich, a.a.O., S. 116f.

20 Rennstich, a.a.O., S. 121. Die Ungenauigkeit von Rennstichs Darstellung zeigt sich auch an einem Zitat, das er im unmittelbaren Anschluß an diese Stelle als Instruktion Spittlers an die Missionare der Apostelstraße ausgibt. Nach der angeführten Belegstelle (Kober, a.a.O., S. 293) handelt es sich aber in Wahrheit um ein Wort Gobats an die Abessinienmissionare.

21 Fiedler, Glaubensmissionen, S. 107. 109. Noch eindeutiger wird der Plan einer Pilgerstraße von Jerusalem nach Äthiopien auf Zaremba zurückgeführt

Es ensteht der Eindruck, Spittler habe schon lange vor der eigentlichen Konzeption der „Apostelstraße“ unbestimmtere Pläne für eine Pilgerstraße von Jerusalem nach Abessinien gehabt. Auch wenn bei Spittler die Kettenidee in bezug auf andere geographische Gebiete bereits vorhanden war,[22] so findet sich doch kein Beleg dafür, daß er schon vor oder bei der Aufnahme der Arbeit in Abessinien im Jahre 1856 an eine Pilgerstraße von Jerusalem nach Abessinien dachte. Auch für die Behauptung, dieser Plan stamme ursprünglich von Zaremba, lassen sich keine Belege finden.[23]

Auch Andreas Franz erwähnt in seiner Dissertation über Hudson Taylor und die deutschsprachigen Glaubensmissionen ein zu frühes Datum für die Planung der „Apostelstraße“:

> Im Jahr 1852 unternahm Spittler erste Schritte hin zu einer selbstständigen außenmissionarischen Tätigkeit der P[ilger]M[ission]. Mit Hilfe der Chrischona-Brüder wollte er zwischen Jerusalem und Äthiopien eine sogenannte Apostelstraße aufbauen ... Das nährte in der Basler Mission Ängste, daß sich die PM zu einer konkurrierenden Mission in Übersee entwickeln könnte. Ihre Leitung erhob Einspruch und forderte, daß sich St. Chrischona weiterhin auf die Heimatmission und auf die Arbeit unter Auswanderern beschränken sollte.[24]

Die Basler Mission äußerte ihre Bedenken gegenüber der Pilgermission nicht wegen der „Apostelstraße“, sondern wegen der Absicht Spittlers, die Tätigkeit in Abessinien aufzunehmen.[25]

In der Literatur findet sich auch die Behauptung, die „Apostelstraße“ sei ein Plan Ludwig Krapfs gewesen.[26] Krapf lebte ab

---

in der englischen Fassung: „Spittler had taken up the idea from ... Zaremba, who proposed a ‘pilgrims’ road’ from Jerusalem to Ethiopia.“ Fiedler, Faith Missions, S. 73.

22 Kober, a.a.O., S. 109ff. Vgl. Kapitel I.2.

23 Als Beleg gibt Fiedler eine Stelle aus Rennstichs Spittler-Biographie an, in der behauptet wird, Zaremba habe die Pilgerstraßen-Projekte Spittlers im Orient angeregt. Aus der Stelle wird allerdings nicht ganz deutlich, ob Rennstich hier die geplante Kette von Missionsstationen in den Kaukasus oder auch die spätere „Apostelstraße“ meint. Rennstich kann auch keine Belegstelle für seine Behauptung anführen. Rennstich, a.a.O., S. 59.

24 Franz, Mission ohne Grenzen, S. 126f.

25 Vgl. Kapitel I.3.b.

26 Claus, Dr. Ludwig Krapf, S. 186. „Dr. Krapfs Missionslaufbahn“, übers. und hg. von Gustav Warneck, S. 359. Oehler, Geschichte der deutschen evangelischen Mission, S. 159. Raupp, Mission in Quellentexten, S. 291f.

September 1855 in Korntal, von wo aus er in Verbindung mit der Pilgermission stand.[27] Spittler versuchte, Krapf für eine Mitarbeit bei der Pilgermission zu gewinnen.[28] Im Jahre 1859 kam Krapf nach Riehen, wo er neben anderen Aufgaben auch die Verantwortung für die Ausführung der „Apostelstraße" übernahm.[29] Auch wenn er bereits im Juli 1860 wegen der „Kränklichkeit seiner Frau" wieder nach Korntal zurückkehren mußte,[30] blieb er doch der Pilgermission als „Sekretär der Apostelstraße"[31] erhalten. Mit seiner reichen Missionserfahrung war er es, der den weiteren Verlauf des Projektes „Apostelstraße" maßgeblich beeinflußte. So ist es durchaus angebracht, wenn Werner Raupp summarisch davon spricht, daß „Spittler zusammen mit Ludwig Krapf" den Plan zur „Apostelstraße" entworfen habe.[32] Dagegen lassen sich für die Behauptung Wilhelm Oehlers, „Spittlers Gedanke einer ‚Apostelstraße' ... stammte eigentlich von Krapf",[33] keine Belege nennen.

Gegenüber der langen Tradition anderslautender Darstellungen bleibt festzuhalten, daß die Missionsarbeit, die 1856 in Abessinien begonnen worden war, noch kein Teil des Projektes „Apostelstraße" war. Erst nach dem Beginn der Arbeit in Abessinien kam bei Spittler die Idee einer Kette von Missionsstationen von Jerusalem nach Abessinien auf. Nachdem er seine Gedanken intensiv mit anderen Brüdern beraten hatte,[34] unternahm er ab 1858/1859 konkrete Schritte, um dieses Projekt in die Tat umzusetzen. Dieser

---

27 KSPM I, 30. Juli 1858, S. 89.

28 Claus, a.a.O., S. 176.

29 KSPM I, 7. Januar 1859, S. 99.

30 Claus, a.a.O., S. 183.

31 Spittler und Krapf, „Programm der Apostelstraßen-Mission oder einer Missionsposten-Linie von Jerusalem nach den Nil-Ländern und Central-Afrika im Allgemeinen, und nach Abessinien und den Galla-Ländern insbesondere" (im folgenden zitiert als: Gedrucktes Programm), [1863], Archiv St. Chrischona. Abdruck im Anhang. Gekürzter Abdruck in: Raupp, Mission in Quellentexten, S. 291f.

32 Raupp, Mission in Quellentexten, S. 291. Das „Programm der Apostelstraßen-Mission" von 1863, das Raupp an dieser Stelle einleitend kommentiert, wurde auch von Spittler und Krapf zusammen herausgegeben (vgl. Kapitel II.2.).

33 Oehler, a.a.O., S. 159.

34 Dies waren vor allem Ludwig Krapf, Samuel Gobat und das Komitee der Pilgermission.

Abb. 4: Planskizze der Apostelstraße

Ablauf der Ereignisse wird sowohl von den maßgeblichen Primärquellen aus der damaligen Zeit[35] als auch von den offiziellen Darstellungen der Pilgermission[36] zu diesem Thema gestützt. Auch die frühe Spittler-Biographie Kobers, die als Standardwerk zu Spittlers Leben und Werk gelten darf, unterstützt diesen Befund.[37] Von den weiteren Veröffentlichungen, die den Ablauf der Ereignisse korrekt wiedergeben,[38] dürfen besonders der Aufsatz „Die Apostelstraße" von Jan Veenhof[39] und die Dissertation über Karl Mez von Klaus vom Orde[40] als Autoritäten gelten.

---

35 Gedrucktes Programm. KSPM I, 1. Oktober 1858, S. 94. „Spittler an Komitee der Basler Mission, 24. August 1853", in: Staehelin, a.a.O., S. 596–597. „Gobat an Spittler, 9. Juni 1854", in: Staehelin, a.a.O., S. 598–599. „Spittler an Gobat, 15. Juli 1854", in: Staehelin, a.a.O., S. 599. „Aus Samuel Gobats Instruktion für die vier nach Abessynien ausreisenden Brüder, 7. Dezember 1855", in: Staehelin, a.a.O., S. 601–603. „Aus Christian Friedrich Spittlers Achtem Rundschreiben an die Freunde der Pilger-Mission, Dezember 1856", in: Staehelin, a.a.O., S. 604–605. „Gobat an Spittler, 4. Oktober 1858", in: Staehelin, a.a.O., S. 607–608. „Spittler an Hermann Löwenthal und Johannes Frutiger" (1. Januar 1860, 1. Februar 1860, 20. September 1860, 9. Oktober 1860), in: Staehelin, a.a.O., S. 609–612. „Aus der 'Instruction der Jerusalems-Committee für die nach Cairo abgehenden Brüder Carl Haußmann, Johann Eipperle, Chr[?] Blessing und David Mehl'", in: Staehelin, a.a.O., S. 613–614.

36 11. Rundschreiben 1859. C.H. Rappard, Pilgermission 1840–1908, S. 127ff. Veiel, Pilgermission 1840–1940, S. 83f. Schmid (Hg.), 150 Jahre Pilgermission, S. 108f.

37 Kober, a.a.O. S. 301. 314f. Alle späteren Darstellungen über Spittlers Leben und Werk verlassen sich auf Kobers Biographie als grundlegende Quelle. Eine neuere, wissenschaftliche Spittler-Biographie, die auch den umfangreichen Schriftverkehr Spitters verarbeitet, erscheint deshalb äußerst wünschenswert.

38 Ostertag (Hg.), „Missionszeitung: Methodistenkirchen", S. 265f. D. Rappard, Carl Heinrich Rappard, S. 69. Staehelin, a.a.O, S. 21–23. Christian Friedrich Spittler – Zum 125. Todestag, S. 22. Haag, „Wohin er mich ruft", S. 11. u.a.

39 Veenhof, „Apostelstrasse", S. 354.

40 vom Orde, Carl Mez, S. 223–227.

2. Der Inhalt des Konzeptes „Apostelstraße“

Einen ersten Entwurf, der den Inhalt des Konzeptes „Apostelstraße“ zusammenfaßte, fertigte Markus Spittler an.[41] Nachdem dieser Entwurf in der Komitee-Sitzung vom 7. Januar 1859 beraten worden war, beschloß man, den Plan „nach den gegebenen Grundzügen“ auszuführen.[42] Leider scheint dieser Entwurf nicht mehr erhalten zu sein.[43]

Nachdem schon zwei Stationen der „Apostelstraße“ eröffnet worden waren und das Projekt sich erfreulich positiv entwickelte, fertigte Ludwig Krapf am 10. Februar 1863 einen handschriftlichen Entwurf eines „Programmes der Apostelstraße“ an. Von diesem handschriftlichen Entwurf sind zwei nur leicht variierende Fassungen erhalten geblieben.[44] In einem Begleitschreiben an Spittler und das Komitee stellte Krapf dabei klar, daß er in seinem Entwurf nicht nur den Inhalt des Projektes „Apostelstraße“ im engeren Sinne erläutern wolle, sondern er habe

> ... das Projekt in seiner weitesten Bedeutung aufgefaßt – nämlich so fern wir das ganze Ländergebiet bis an den Äquator darin einschliessen ...[45]

---

[41] KSPM I, 7. Januar 1859, S. 100. Im Sitzungsprotokoll des 7. Januar 1859 taucht zum ersten Mal die Bezeichung „Apostelstraße“ für das Projekt der Missionspostenlinie von Jerusalem nach Abessinien auf.

[42] KSPM I, 7. Januar 1859, S. 100.

[43] Vielleicht handelt es sich bei diesem Entwurf jedoch auch um die „Planskizze der ‚Apostelstraße‘“, Archiv St. Chrischona.

[44] Krapf, „Programm der Apostelstraße: oder einer Missionspostenlinie nach den Nil-Ländern u. Centralafrika im Allgemeinen, und nach Abessinien insbesondere“ (im folgenden zitiert als: Programm / St. Chrischona), Korntal, 10. Februar 1863 [11 handschriftliche Seiten], Archiv St. Chrischona. Krapf, „Programm der Apostelstraße von Jerusalem nach Gondar, oder einer Missions-Posten-Linie nach den Nil-Ländern u. Central Africa im Allgemeinen, u. nach Abessinien insbesondere“ (im folgenden zitiert als: Programm / SA Basel), Korntal, 10. Februar 1863 [10 handschriftliche Seiten; mit Korrekturen und 6 zusätzlichen Seiten an Kommentaren der Komiteemitglieder; mit neuem Datum versehen: 27. Februar 1863, SA Basel, PA 653, E1.

[45] Krapf an Spittler, 11. Februar 1863, SA Basel, PA 653, E1. Krapf wurde vor allem durch die positive Entwicklung in den ersten Jahren der „Apostelstraße“ dazu ermutigt, das Programm weiter zu fassen.

Dieser Entwurf lief im Laufe des Februar 1863 bei den Mitgliedern des Komitees zur Begutachtung und Überarbeitung um.[46] Der Entwurf und die angefügten Änderungsvorschläge der Komitee-Mitglieder dienten dann als Grundlage für das offizielle „Programm der Apostelstraßen-Mission“,[47] das in gedruckter Form von Spittler und Krapf zusammen herausgegeben wurde.

Das Ziel der „Apostelstraße“ wird im vollständigen Titel dieses gedruckten Programmes treffend angegeben:

> Programm der Apostelstraßen-Mission oder einer Missionsposten-Linie von Jerusalem nach den Nil-Ländern und Central-Afrika im Allgemeinen, und nach Abessinien und den Galla-Ländern insbesondere.[48]

Der allgemeine Hintergrund des Projektes „Apostelstraße“ war also die Bemühung, die vielen Völker entlang des Nil bis hinein ins Innere Afrikas in ihren „bedauerlichen Cultur- und Religionszuständen“[49] mit dem Evangelium zu erreichen. Für dieses Unternehmen maß man dem Nil besondere strategische Bedeutung zu:

> Ebenso zeigt uns ein einfacher Blick auf die Karte den Weg, auf welchem jenen Völkern Hilfe gebracht werden kann. Es ist der Nilstrom ... Hier haben wir die Hauptthore, durch welche jene innerlich und äußerlich zerrissenen und geblendeten Nationen ... „dem HErrn zum Geschenk gebracht werden“ können ...[50]

Ausdrücklich berief man sich dabei auf biblische Verheißungen bezüglich Ägyptens, Nubiens und der weiter südlich gelegenen Völker (Zef 3,10; Jes 19,19–25; Ps 68,32). Man meinte, in den neueren

---

[46] Spittler an Carl August Rappard, 21. Februar 1863, Briefe von C.F. Spittler, Faszikel „Apostelstraße“, Archiv St. Chrischona. Programm / SA Basel, S. 11–16.

[47] Krapf an Spittler, Korntal, 11. Februar 1863, SA Basel, PA 653, E1.

[48] Gedrucktes Programm, S. 1. Krapf hatte im Titel seines handschriftlichen Entwurfes ursprünglich die Worte „von Jerusalem“ nicht enthalten. Carl Mez wies in seiner Stellungnahme zu Krapfs Entwurf darauf hin, daß es wichtig wäre, in Anlehnung an Jes 19,23–25 und Jes 18,7 hervorzuheben, „daß die Apostelstraße ausgehe von Jerusalem, als dem gewesenen u. zukünftigen Mittelpunkt des Reiches Gottes auf Erden“. Programm / SA Basel, S. 11.

[49] Gedrucktes Programm, S. 1.

[50] Gedrucktes Programm, ebd.

Entwicklungen im Orient die Zeichen der Zeit zu erkennen, die auf eine weitergehende Erfüllung dieser Verheißungen hindeuteten[51]:

> Ferner haben wir eine Ermutigung in der ganzen Constellation der Zeit in der wir leben. Es ist offenbar, daß das Abendland in das Morgenland zurückstrebt, und das Heil wieder dahinkehrt, von woher es gekommen ist.[52]

Als „wichtige[n] Schlüssel zum Inneren Afrikas" sah man die Arbeit in Abessinien an, besonders unter den Gallas und auch unter den Anhängern der alten christlichen Kirchen.[53]

Die 1856 begonnene Missionsarbeit der Pilgermission in Abessinien wurde sehr erschwert durch die Abgeschlossenheit und Unzugänglichkeit Abessiniens. Post und Warensendungen kamen „ein bis zwei Jahre weder nach Abessinien, noch von dort nach Jerusalem und Europa".[54] Eine Reise nach Abessinien war ebenfalls schwierig: Der Seeweg nach Ostafrika führte bis zur Fertigstellung des Suezkanals im Jahre 1869 um das Kap der Guten Hoffnung.[55] Der Weg über das Rote Meer und Massowa und auch der Landweg durch das Niltal war mit vielen Gefahren verbunden, was besonders den beiden früheren Abessinienmissionaren Gobat und Krapf aus eigener Erfahrung schmerzlich bewußt war.[56]

Aufgrund dieser Unzugänglichkeit Abessiniens wuchs bei Spittler der Wunsch, dem abgelegenen „Abessinien näher zu rücken".[57] Die Idee des Projektes „Apostelstraße" war es deshalb, durch eine Kette

---

51 Programm / St. Chrischona, S. 10.

52 Programm / St. Chrischona, ebd.

53 Gedrucktes Programm, S. 2.

54 Gedrucktes Programm, S. 2.

55 Maisch, Gute Nachricht, S. 88.

56 Sowohl Gobat als auch Krapf hatten auf dem Weg von Abessinien durch Ägypten schon am Rande des Todes gestanden. Krapf überlebte, obwohl er auf der Reise 1855 bereits mit dem Leben abgeschlossen hatte. Er konnte die Arbeit in Ostafrika aufgrund seiner angeschlagenen Gesundheit allerdings nicht wie geplant wieder aufnehmen und mußte nach Europa zurückkehren. Gobat war bereits 1836 noch einmal knapp mit dem Leben davongekommen, mußte aber unterwegs seine Tochter zu Grabe tragen. Gerade aus dieser eigenen leidvollen Erfahung heraus werden Gobat und Krapf das Anliegen der „Apostelstraße" besonders gut verstanden und unterstützt haben. Claus, a.a.O., S. 174. Vortisch, Bahnbrecher in Afrika, S. 65f. Samuel Gobat: Evangelischer Bischof in Jerusalem, S. 215–223.

57 Gedrucktes Programm, S. 2.

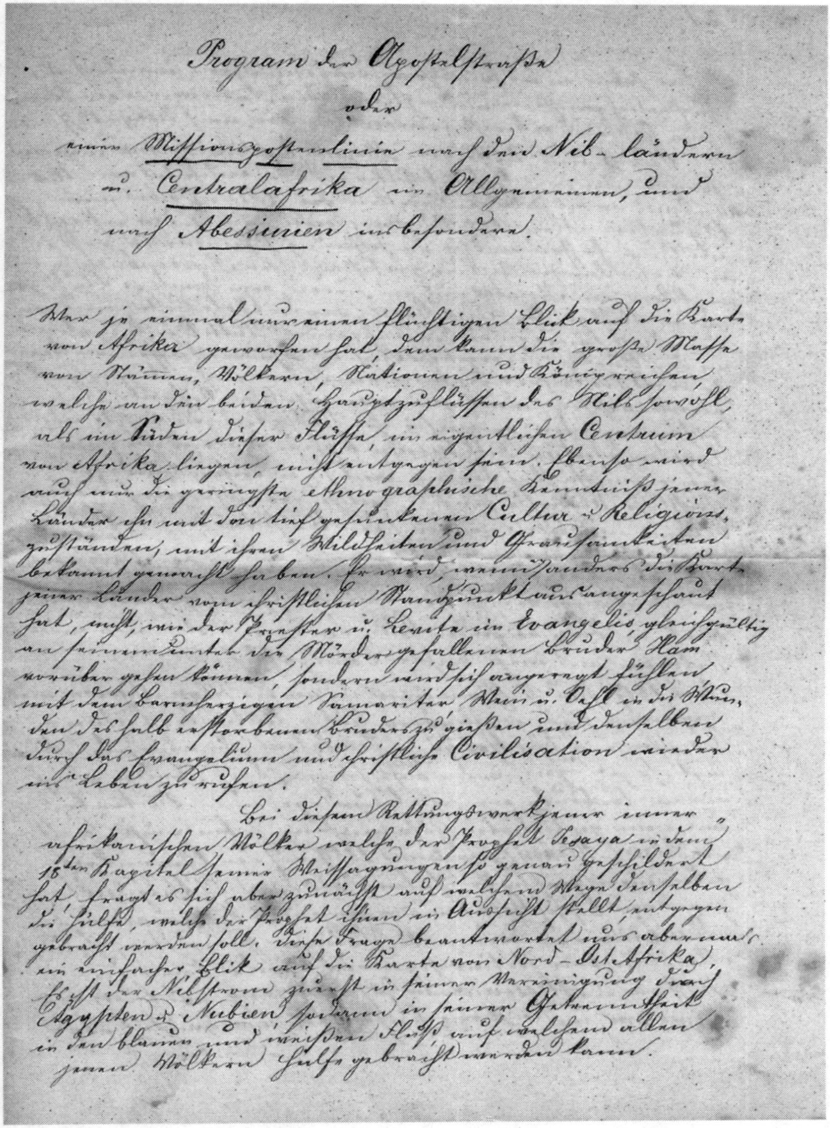

Program der Apostelstraße
oder
einer Missionspostenlinie nach den Nil-ländern u. Centralafrika im Allgemeinen, und nach Abessinien im besondern.

Wer je einmal nur einen flüchtigen Blick auf die Karte von Afrika geworfen hat, dem kann die große Masse von Stämmen, Völkern, Nationen und Königreichen welche an den beiden Hauptzuflüssen des Nils sowohl, als im Süden dieser Flüsse, im eigentlichen Centrum von Afrika liegen, nicht entgangen sein. Ebenso wird auch nur die geringste ethnographische Kenntniß jener Länder ihn mit den tief gesunkenen Cultur u. Religionszuständen, mit ihren Wildheiten und Grausamkeiten bekannt gemacht haben. Er wird, wenn er anders die Karte jener Länder vom christlichen Standpunkt aus angeschaut hat, nicht, wie der Priester u. Levite im Evangelio, gleichgültig an seinem unter die Mörder gefallenen Bruder Ham vorüber gehen können, sondern wird sich angeregt fühlen mit dem barmherzigen Samariter Wein u. Oel in die Wunden des halb erstorbenen Bruders zu gießen und denselben durch das Evangelium und christliche Civilisation wieder ins Leben zu rufen.

Bei diesem Rettungswerk jener armen afrikanischen Völker welche der Prophet Jesaya in dem 18ten Kapitel seiner Weissagungen so genau geschildert hat, fragt es sich aber zunächst auf welchem Wege denselben die Hülfe, welche der Prophet ihnen in Aussicht stellt, entgegen gebracht werden soll. Diese Frage beantwortet uns aber nur ein einfacher Blick auf die Karte von Nord-Ost-Afrika. Es ist der Nilstrom zuerst in seiner Vereinigung durch Egypten u. Nubien, sodann in seiner Getrenntheit in den blauen und weissen Fluß auf welchem allen jenen Völkern Hülfe gebracht werden kann.

Abb. 5: „Programm der Apostelstraße", handschriftlicher Entwurf von Ludwig Krapf aus dem Jahre 1863

von Missionsstationen eine Verbindung zu der Missionsarbeit in Abessinien zu schaffen:

> Da die Entfernung von Jerusalem bis Gondar, der Hauptstadt von Abessinien, circa 600 Stunden beträgt, so würden 12 Stationen durch Egypten und Nubien – hauptsächlich dem Nil entlang – erforderlich sein, deren jede ungefähr 50 Stunden von der anderen entfernt wäre.[58]

Jede der zwölf Stationen sollte den Namen eines Apostels erhalten:

> Diese Stationenlinie hat den Namen „Apostelstraße" erhalten, weil jede Station den Namen eines Apostels tragen soll, nicht als ob die Missionarien, welche diese Posten besetzen werden selbst Apostel zu nennen wären ... Allein wir wollen damit nichts Sonderbares ausdrücken sondern nur etwas, das in Beziehung zum Reiche Gottes steht.[59]

Neben dem primären Zweck der „Apostelstraße", eine Verbindung zur Missionsarbeit in Abessinien zu schaffen,[60] wollte man durch die Missionare der einzelnen Stationen auch vor Ort das Evangelium in die Länder entlang des Nil hineintragen.

Um den Aufbau der einzelnen Stationen finanzieren zu können, hoffte man auf „namhafte Hilfe" von Freunden des Werkes. Die laufenden Kosten einer bereits eröffneten Station sollten möglichst gering gehalten werden. Deshalb erwartete man eine „bescheidene Stellung der Pilger-Missionare, welche mit Nahrung und Kleidung

---

[58] Gedrucktes Programm, S. 2. Im Spittlerarchiv (PA 653) des Staatsarchives Basel befinden sich zwei handgezeichnete Kartenskizzen (eine mit deutscher, eine mit englischer Beschriftung), in denen die Orte für die 12 geplanten Stationen eingezeichnet sind: 1. Alexandrien (St. Matthäus), 2. Kairo (St. Markus), 3. Asiut (St. Lukas), 4. Theben (St. Johannes), 5. Assuan (St. Petrus), 6. Korasca (St. Andreas), 7. Dar Elmahass (St. Jakobus), 8. Edabbe (St. Philippus), 9. Abutswill [?] (St. Bartholomäus), 10. Khartum (St. Thomas), 11. Abu Harras (St. Thaddäus), 12. Matamma (St. Paulus). „Kartenskizze – deutsch", SA Basel, PA 653, E1. „Kartenskizze – englisch", SA Basel, PA 653, E1. Vgl. auch: „Planskizze der ‚Apostelstraße'", Archiv St. Chrischona.

[59] Programm / St. Chrischona, S. 3. Die Benennung der Stationen erfolgte allerdings nicht, wie man erwarten könnte, nach den zwölf Aposteln der biblischen Apostellisten (vgl. Mt 10,2–4 par). Benannt wurden die ersten vier Stationen vielmehr nach den vier Evangelisten: Matthäus, Markus, Lukas, Johannes. Die weiteren Stationen tragen Namen aus den Apostellisten, wobei die letzte allerdings nach Paulus benannt wurde. Vgl. Lüttke, „Koptische Kirche", S. 71.

[60] 11. Rundschreiben 1859, S. 12. Die „Speditions-Verbindungen" mit Abessinien werden hier als die „Hauptveranlassung" des Projektes bezeichnet.

zufrieden sein wollen".[61] Außerdem sollten die Stationen „von der Unterstützung der Heimat möglichst unabhängig" gemacht werden.[62] Deshalb hatten die Pilger-Missionare für ihren Unterhalt selbst aufzukommen, „hauptsächlich durch den Handel, durch die Gewerbe und den Ackerbau".[63]

Die Pilger-Missionare sollten demnach keine Missionare sein, die sich ganz der Verkündigung des Evangeliums widmen konnten. Sie waren gemäß dem Ideal Spittlers von „Pilger-Missionaren" eher Handwerker-Missionare, die gerade auch durch ihr beispielhaftes Leben und Arbeiten ein Zeugnis sein sollten. Auch den äußeren Nöten der Menschen sollten sie begegnen, indem sie „nächst der Evangelisation auch der Colonisation ein Augenmerk" zuwenden sollten.[64] So sollten sie versuchen,

> ... eines Theils durch Predigt und Unterricht auf Bekehrung und innere wie äußere Heranbildung ihrer Umgebung einzuwirken, anderen Theils, als Vorbilder zur Thätigkeit durch Anbau der Felder mit Baumwolle und anderen Produkten, oder durch Tauschhandel zugleich ihren Unterhalt sich selbst zu verschaffen.[65]

3. Die Kritik an der Konzeption der „Apostelstraße" und die weiteren Planungen

Von Anfang an war die Wahl des Namens „Apostelstraße" umstritten. Das Evangelische Missions-Magazin von 1862 sah in dem außergewöhnlichen Namen eine originelle Idee Spittlers, durch die er dem Projekt besondere öffentliche Beachtung sicherte:

> Zu den Geheimnissen, durch welche der ehrwürdige greise Vater seinen Unternehmungen einen so eigenthümlichen Reiz zu verleihen versteht, gehört

---

[61] Gedrucktes Programm, S. 2.

[62] Grund dafür war u.a. der Vorwurf der Basler Mission, die Pilgermission zersplittere mit einer eigenen außenmissionarischen Tätigkeit die Missionskräfte in der Heimat. Programm / St. Chrischona, S. 4.

[63] Gedrucktes Programm, S. 3.

[64] Gedrucktes Programm, S. 2.

[65] [Hermann Löwenthal], „Aufruf zur Unterstützung der Pilgermission-Thätigkeit in Cairo, Oberegypten und Centralafrika; auch ‚Apostelstraßen'-Mission genannt", 1863, SA Basel, PA 653, E1. Abgedruckt im Anhang.

auch die bewundernswürdige Kunst, den einfachsten Dingen solche Namen zu geben, welche die christliche Phantasie fesseln und einen geheimnisvollen Zauber auf die Gemüther ausüben. In ganz ungewöhnlichem Maaße ist ihm dies bei der „Apostelstraße" gelungen, deren geheimnisvoller Name bereits die Runde durch fast alle christlichen Blätter der Welt gemacht hat.[66]

Der spätere Inspektor der Pilgermission, Carl Heinrich Rappard,[67] der selbst Missionar auf der „Apostelstraße" wurde, äußerte sich dagegen skeptisch gegenüber der Wahl der Bezeichnung „Apostelstraße":

Wie schade ... daß Papa Spittler einen so großartigen Namen gewählt hat für ein Werk, daß [sic!] sich notgedrungen aus so geringen Mitteln konstruieren soll.[68]

In der Sitzung des Komitees der Pilgermission vom 7. Januar 1859, in der der Name „Apostelstraße" zum ersten Mal genannt wurde, kam ebenfalls Kritik an der Namensgebung auf:

Einige Mitglieder hätten gerne dieser Straße einen anderen Namen gegeben. Nachdem aber Herr Spittler diesen Namen begründet hatte, wurde sein Wille geehrt ...[69]

Leider ist aus dem Protokoll der Sitzung nicht ersichtlich, wie in der Meinungsverschiedenheit über den Namen inhaltlich argumentiert wurde.

Kurze Zeit nach dieser Sitzung ging ein Brief der vermögenden Witwe Hillyard aus England ein, in dem sie mitteilte, daß sie erst dann bereit wäre, ihren zugesagten Beitrag von 100 £ für die erste Station der „Apostelstraße" zu geben, „wenn durch ein entsprechendes Capital die Ausführung garantirt sei".[70] Im Komitee stimmte man daraufhin darüber ab, ob man auch angesichts dieser veränderten Lage weiterhin das Projekt „Apostelstraße" vorantreiben sollte. Mit 5 gegen 2 Stimmen wurde beschlossen, an dem Projekt festzuhalten. Gegen die Ausführung des Projektes stimmten

66 Ostertag, „Missionszeitung: Methodistenkirchen", S. 266.

67 Zu Carl Heinrich Rappard (1837–1909): D. Rappard, Carl Heinrich Rappard.

68 D. Rappard, Carl Heinrich Rappard, S. 70.

69 KSPM I, 7. Januar 1859, S. 100.

70 KSPM I, 1. April 1859, S. 101.

Spittlers Adoptivtochter Susette Spittler[71] und Pastor Bonekemper[72]. Bonekemper gestand zwar 1863 ein, daß „die ‚Apostelstraße' wirklich gegen mein Erwarten durch 4 schwere Kindesjahre hindurch sich erhalten hat", blieb aber weiterhin sehr skeptisch gegenüber dem Ausbau der „Apostelstraße".[73]

Spittlers Biograph Kober berichtet summarisch davon, daß das Projekt Apostelstraße „in dem Kreis der Freunde Spittlers gar manche Bedenken" erregte.[74] Dora Rappard stellt in der Biographie ihres Mannes, Carl Heinrich Rappard, fest, daß dieser damals „mit seinem praktischen Sinn schon als Zögling die Schwierigkeit und, unter den obwaltenden Umständen, die Undurchführbarkeit des Planes erkannt" hätte.[75]

Andererseits ist in der Rappard-Biographie auch davon die Rede, daß manche Freunde die Pläne Spittlers mit Begeisterung aufgegriffen hätten.[76] Besonderes Gewicht hatte dabei für Spittler die Meinung des erfahrenen Missionars und Afrikakenners Krapf, der „diese Sache billigte und für ausführbar und notwendig hielt".[77] So schloß sich Krapf, als er im Juni 1859 nach Riehen zog und seine Mitarbeit bei der Pilgermission begann,[78] dem Entschluß des Komitees, an der Ausführung der Apostelstraße festzuhalten, „mit Freuden" an.[79] Daraufhin wurde beschlossen, mit dem Aufbau der ersten Station St. Markus bei Kairo zu beginnen, sobald die Frage der Finanzierung für den Aufbau der Station geklärt war.[80]

---

[71] Es ist bemerkenswert, daß mit Susette Spittler im 19. Jahrhundert eine Frau jahrelang vollberechtigtes Mitglied des obersten Leitungsgremiums der Pilgermission war. Vgl. KSPM II, 11. August 1865, S. 120.

[72] Pastor Bonekemper arbeitete damals als theologischer Lehrer auf St. Chrischona. Kober, a.a.O., S. 296.

[73] Stellungnahme von C. Bonekemper vom 28. Februar 1863, in: Programm / SA Basel, S. 16. Auszug abgedruckt im Anhang.

[74] Kober, a.a.O., S. 301f.

[75] D. Rappard, Carl Heinrich Rappard, S. 70. Um so mehr erstaunt es, daß sich Rappard mit besonderem Elan in diese Arbeit einbrachte, nachdem er selbst in die Arbeit auf der Apostelstraße berufen worden war.

[76] D. Rappard, Carl Heinrich Rappard, S. 69.

[77] Kober, a.a.O., S. 302.

[78] KSPM I, 15. Juli 1859, S. 105.

[79] KSPM I, 15. Juli 1859, S. 106.

[80] KSPM I, 15. Juli 1859, S. 106.

Im selben Jahr noch unternahm Markus Spittler in England eine Kollekten-Reise,[81] um für die Anliegen der Pilgermission zu werben.[82] Schon bald hatte er damit Erfolg: Eine gewisse Frau Hodgson ließ der Pilgermission 400 £ zukommen[83] und teilte der Leitung mit, daß sie den baldigen Beginn der „Apostelstraße" wünsche.[84]

Im Dezember 1859 informierte Spittler daraufhin in seinem jährlichen „Rundschreiben an die Freunde der Pilgermission" über das bevorstehende Projekt. Dabei ging er auch auf einen Einwand Gobats ein, der der Meinung war, „12 Stationen zu gründen, ist fürs Erste weder nothwendig noch vielleicht wünschenswerth".[85] Gobat war der Meinung, vier Stationen[86] seien für einen Verbindungsweg nach Abessinien vorerst genug. Weitere Stationen könne man für Missionszwecke dann nach und nach gründen.

Spittler gab Gobat recht, daß es möglich wäre, den eigentlichen Zweck, eine Verbindung nach Abessinien zu schaffen, mit weniger als 12 Stationen zu erreichen:

> Wir hätten wohl mit einer Station im obern Egypten, einer im mittlern und einer im untern für die genannten Zwecke ausreichen können. Aber hier konnten wir nicht anders, als den langen Weg durch Egypten hindurch selbst auch im Lichte höherer Interessen anzuschauen ... Und nichts schien billiger und für's Ganze heilvoller, als diesen ausgedehnten und außerordentlich bevölkerten Landstrich am Nilstrom hinauf durch die Errichtung so

---

[81] KSPM I, 3. Juni 1859, S. 103. KSPM I, 15. Juli 1859, S. 105.

[82] Die Leitung der Pilgermission versuchte in dieser Zeit, ihre Beziehungen zu einflußreichen Personen in England zu nutzen, um den eigenen Spendenbedarf zu decken. Man wollte damit wohl verhindern, daß es erneut zum Konflikt mit der Basler Mission kam, die Spittler ja vor einer „Aufspaltung der Missionskräfte" gewarnt hatte. Vgl. Kapitel I.3.b. Markus Spittler erschien besonders geeignet für eine solche Kollektenreise, da er bis zu diesem Zeitpunkt als Hauslehrer bei einer Pfarrfamilie in England gearbeitet hatte und ihm Prediger Dalton aus England zusagte, ihn bei seinem Anliegen tatkräftig zu unterstützen. 11. Rundschreiben 1859, S. 6. 8.

[83] 11. Rundschreiben 1859, S. 14.

[84] KSPM I, 4. November 1859, S. 112.

[85] „Gobat an Spittler, 4. Oktober 1858", in: Staehelin, a.a.O., S. 607–608.

[86] Gobat dachte dabei an die Städte Kairo, Assuan, Khartum und Senaar. „Gobat an Spittler, 4. Oktober 1858", in: Staehelin, a.a.O., S. 607–608.

vieler Stationen, als eben so vieler Festungen, zu belagern, um ihn für unsern anbetungswürdigen HErrn und König aller Königreiche zu erobern.[87]

Spittler war sich sicher, daß der Hauptzweck der Stationen, eine Verbindung nach Abessinien zu schaffen, verwirklicht werden konnte.[88] Was den Erfolg der Absicht anging, gleichzeitig auch das Evangelium durch Wort und Tat zu verkündigen, war er dagegen etwas vorsichtiger:

Wie weit sich jedoch mit den Speditions-Verbindungen, welche ja die Hauptveranlassung zu diesem Unternehmen gewesen sind, die Zwecke der Evangelisation und Colonisation verbinden lassen, hängt erst von einem glaubigen [sic!], weisen und opferwilligen Versuch ab.[89]

Spittler war sich der Bedenken gegenüber dem Projekt der Apostelstraße wohl bewußt. Gestützt auf den Sachverstand Krapfs, ermutigt durch die eingegangene großzügige Spende und beflügelt von der Erwartung, daß Gott seine Verheißungen noch weitergehend erfüllen werde,[90] wollte er das Projekt in der Abhängigkeit von Gott dennoch wagen:

Mit großer Schüchternheit und Verzagtheit gehe ich an die Apostelstraße ... Viele selbst unter den Gläubigen schütteln die Köpfe über dies Unternehmen; aber bey dem Herrn sind ja alle Dinge möglich! Und können die Weltmenschen für die Eisenbahnen die gröste [sic!] Tunnel durchbrechen, sollten die Kinder Gottes nicht eine einfache Straße für Sein Reich zu Stande bringen können?[91]

---

87 11. Rundschreiben 1859, S. 12.

88 11. Rundschreiben 1859, S. 12.

89 11. Rundschreiben 1859, S. 12.

90 „... und unbenutzt sollen wir nicht die Verheißungen lassen, daß auch Egypten noch geheilt, in einen lieblich friedlichen Verkehr mit Gottes Volk gebracht, und zu einer Hochstraße für die vormaligen Feinde des Volkes Gottes gemacht (Jes. 19, 19 bis 29), eben so wohl als zu einem Durchgangsort für die vielen Tausende im Innern von Afrika wohnende, noch zu bekehrende Israeliten geworben und eingeweiht werden soll. (Zeph. 3,9.10.).“ 11. Rundschreiben 1859, S. 12f.

91 „Spittler an Hermann Löwenthal und Johannes Frutiger, 1. Januar 1860“, in: Staehelin, a.a.O., S. 609. Vermutlich spielt Spittler hier auf den vielbeachteten Tunnelbau am Hauenstein an, bei dem 1855 auch Chrischona-Brüder unter den Eisenbahnarbeitern wirkten. Veiel, Pilgermission 1840–1940, S. 65.

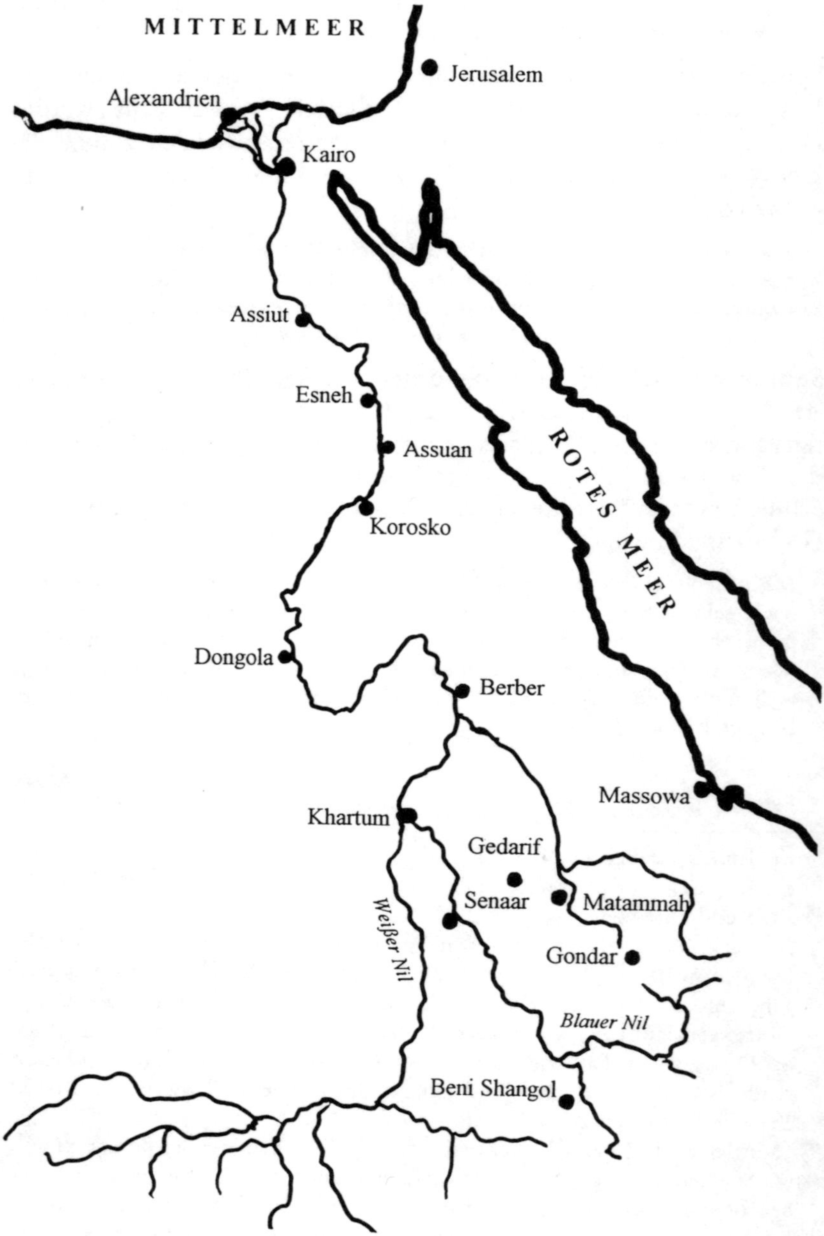

Abb. 6: Verlauf des Nil

III. Die Durchführung des Projektes „Apostelstraße"

1. Die Ausreise der ersten Missionare auf eine Station der geplanten „Apostelstraße"

Im Januar 1860 reisten die Brüder Haußmann, Eipperle, Blessing und Möhl nach Jerusalem aus,[1] um gemäß dem Entwurf von Markus Spittler nach einer Vorbereitungszeit in Jerusalem ihre Arbeit in Kairo zu beginnen.[2] Nachdem die Brüder gut in Jerusalem angekommen waren, wurden sie auf dem Landgut Ludwig Schnellers untergebracht.[3] Die Leiter des Handlungshauses[4] in Jerusalem, Hermann Löwenthal und Johannes Frutiger, sollten sich um ihr Wohlergehen und um ihre Ausbildung in der arabischen Sprache kümmern.[5]

Im Oktober 1860 konstituierte sich in Jerusalem unter der Leitung von Bischof Gobat ein Lokalkomitee der Pilgermission, das die Verantwortung für die Apostelstraße übernehmen sollte.[6]

---

1 Kober, Spittler's Leben, S. 315. 12. Rundschreiben 1860, S. 6. Außerdem begleitete sie noch Bruder Wilhelm Staiger, der an die Schottische Mission abgegeben werden sollte. KSPM I, 3. Januar 1860, S. 115.

2 KSPM I, 3. Januar 1860, S. 115.

3 KSPM I, 16. März 1860, S. 116.

4 Spittler hatte im Oktober 1856 den Kaufmann Lepp nach Jerusalem gesandt, um sich um die kaufmännischen Angelegenheiten des Brüderhauses zu kümmern und um einen Laden zu eröffnen. Zuerst machte der Laden die „gewöhnlichsten, nötigsten Sachen" zugänglich. Später wurde daraus eine große Handlungsunternehmung. 1870 löste sich die Pilgermission von dem Geschäft, das aber noch über zwanzig Jahre als Bankhaus J. Frutiger fortbestand. Staehelin, Christentumsgesellschaft, S. 22f. Carmel, „Spittlers Beitrag", S. 172ff.

5 „Spittler an Hermann Löwenthal und Johannes Frutiger, 1. Februar 1860", in: Staehelin, a.a.O., S. 610.

6 „Spittler an Hermann Löwenthal und Johannes Frutiger, 9. Oktober 1860", in: Staehelin, a.a.O., 612. Im Sitzungsprotokoll des Komitees der Pilgermission vom 6. Februar 1861 wird die Gründung des Lokalkomitees in

Weitere Mitglieder des Komitees in Jerusalem waren Dr. Sandreczki, Pastor Valentiner, Ludwig Schneller, Hermann Löwenthal und Johannes Frutiger.[7] Spittler äußerte sich sehr erleichtert über die Bildung eines solches Lokalkomitees,[8] da er sich gefragt hatte, „wie sollen auch die 4 lieben Straßenbrüder aus so weiter Entfernung von hier aus geleitet werden?“[9] Er sah die Errichtung des Lokalkomitees auch als Zeichen Gottes, „daß Er die Apostelstraße und die 12 Gemeinlein will und nach und nach durch Sein Erbarmen zu Stande kommen lassen werde“.[10]

In der Folgezeit trug das Komitee der Pilgermission in Basel zwar die letzte Verantwortung für die „Apostelstraße“[11], meistens beschränkte man sich aber darauf, Vorschläge zu machen[12] und dem Komitee in Jerusalem die Entscheidungen zu überlassen.[13]

Im November 1860 sandte das Jerusalemer Komitee die vier Brüder Haußmann, Eipperle, Blessing und Möhl nach Kairo aus. Sie bekamen die Instruktion,[14] durch Bibelverbreitung, Schulunterricht und Anleitung junger Männer im Handwerk unter den „vielen todten Gliedern die wohl den Christennamen tragen“ neues geistliches Leben zu wecken. Allerdings sollten sie sich auch den

---

Jerusalem fälschlicherweise erst auf November 1860 datiert. KSPM II, 6. Februar 1861, S. 1.

7 KSPM II, 6. Februar 1861, S. 1.

8 Daß auch die Brüder auf der „Apostelstraße“ das Komitee in Jerusalem sehr schätzten, zeigt beispielhaft: D. Rappard, Carl Heinrich Rappard, S. 71f. 95f.

9 „Spittler an Hermann Löwenthal und Johannes Frutiger, 9. Oktober 1860“, in: Staehelin, a.a.O., S. 612–613, 612.

10 „Spittler an Hermann Löwenthal und Johannes Frutiger, 9. Oktober 1860“, in: Staehelin, a.a.O., S. 612–613, 613.

11 KSPM II, 20. September 1861, S. 14. Man kritisierte auch gelegentlich die Vorgehensweise des Komitees in Jerusalem. KSPM II, 13. Juni 1862, S. 33.

12 KSPM II, 6. März 1864, S. 96. KSPM II, 6. September 1865, S. 127.

13 KSPM II, 7. August 1863, S. 72. KSPM II, 21. Oktober 1863, S. 81f. KSPM II, 15. Juli 1865, S. 118. KSPM II, 15. November 1865, S. 130. Beispiele für Entscheidungen in Einzelfragen finden sich auch in der Korrespondenz zwischen den beiden Komitees. „Für Korrespondenz Apostelstraße“, Beilage im Protokollbuch KSPM II, Archiv St. Chrischona.

14 „Instruction der Jerusalems-Committee für die nach Cairo abgehenden Brüder Carl Haussmann, Johann Eipperle, Chr. Blessing u. David Mehl“, 14. November 1860, SA Basel, PA 653, E3. Abgedruckt im Anhang.

Muslimen zuwenden, da „augenscheinlich auch unter den Bekennern des falschen Propheten unser Herr sich ein Häuflein für sein ewiges Reich sammelt". Außerdem sollten sie in Kairo als Gehilfen des preußischen Geistlichen Pastor Sior fungieren, der nur einmal im Monat von Alexandrien zur Predigt nach Kairo kommen konnte. Karl Haußmann wurde mit der Leitung der Gruppe von Brüdern beauftragt und erhielt die Anweisung, regelmäßig Berichte und Abrechnungen nach Jerusalem zu senden.[15]

Haußmann, Blessing und Möhl reisten daraufhin nach Kairo ab. Eipperle blieb noch einige Zeit in Jerusalem, um Ludwig Schneller beim Aufbau des Syrischen Waisenhauses zu unterstützen,[16] folgte den drei anderen allerdings wenige Monate später.[17]

2. Die eröffneten Stationen der „Apostelstraße"

a) Die Station St. Markus in Kairo (1860–1872)

Nachdem die Brüder in Kairo angekommen waren, mieteten sie eine Wohnung und widmeten sich zuerst einmal dem weiterern Erlernen der arabischen Sprache.[18] An den drei Sonntagen im Monat, an denen Pastor Sior aus Alexandrien nicht in Kairo war, hielten die Brüder einen Gottesdienst für die Deutschen in der Stadt ab. Mitte des Jahres 1861 eröffneten sie eine kleine Knaben-Schule.

Von den mancherlei Besuchern, die auf der Durchreise in Kairo Station machten, war besonders der Besuch von Ludwig Krapf im Jahre 1861 eine große Ermutigung für die Brüder.[19] Krapf berichtete später von seinem Aufenthalt in Kairo, daß die Brüder neben

---

[15] „Instruction der Jerusalems-Committee für die nach Cairo abgehenden Brüder Carl Haussmann, Johann Eipperle, Chr. Blessing u. David Mehl", 14. November 1860, SA Basel, PA 653, E3. Abgedruckt im Anhang.

[16] Zur Entstehung des Syrischen Waisenhauses: Schneller, Vater Schneller 1904.

[17] 13. Rundschreiben 1861, S. 7f.

[18] 13. Rundschreiben 1861, S. 8f.

[19] Einzelheiten der Reise Krapfs aus dem Jahre 1861 finden sich bei: Ostertag (Hg.), „Missionszeitung: Methodistenkirchen", S. 264–267.

ihrer Schularbeit auch Besuche in Spitäleren und Gefängnissen machten und außerdem christliche Schriften verbreiteten.[20] Einer der Brüder

> ... predigt auf den Straßen vor Christen und Muhamedanern, was bisher kein Missionar in Cairo gethan hat, und wozu großer Glaubensmuth nöthig ist.[21]

Vor allem die Schlichtheit der Arbeit beeindruckte Krapf. Er berichtete über die Brüder,

> daß sie wahre Muster von Missionaren sind. Im Äussern kann man sich wohl nicht pilgermäßiger einrichten, als sie gethan haben. Jeder hat ein enges Stübchen, wo kaum ein Bett, Tisch und Bücherschrank Platz haben. Sie haben weder Knecht noch Magd, sondern verrichten alle häuslichen Arbeiten selbst.[22]

Trotz der großen Sparsamkeit der Brüder sei jedoch nach dem ersten Jahr an eine Selbstversorgung aufgrund der vielen Ausgaben noch nicht zu denken.[23]

Nachdem eine Dame aus Sheffield eine Gabe von 100 £ Sterling für die „Apostelstraße" gegeben hatte, erwog man die Eröffnung einer weiteren Station für den Herbst 1861.[24]

Das Komitee in Jerusalem und auch General-Konsul König in Alexandrien äußerten jedoch ernste Bedenken dagegen, da sie zu der Einschätzung gelangt waren, daß das Prinzip der Selbsterhaltung

---

[20] Das gute Verhältnis zu den Missionaren anderer Gesellschaften zeigt sich u.a. darin, daß die Chrischona-Brüder von Missionar Lieder und Missionar Lansing christliche Schriften zur Verfügung gestellt bekamen. „Mittheilungen aus der Correspondenz der Pilgermission: zunächst für deren auswärtige Brüder bestimmt", Nr. 2 / 1862, Archiv St. Chrischona, S. 5.

[21] Krapf, „An die lieben Theilnehmer des Halb-Kreuzer-Vereins zum Besten der Pilger-Missions-Anstalt auf St. Chrischona bei Basel" (im folgenden zitiert als: Halbkreuzer 1862), Korntal, 23. Dezember 1862, Archiv St. Chrischona, S. 4.

[22] Halbkreuzer 1862, S. 3. Aufschluß über die Wohnverhältnisse der Brüder gibt eine Zeichnung, die sowohl die Frontansicht als auch den Grundriß von Erdgeschoß und erstem Stock der St. Markus-Station in Kairo darstellt. „Station 'Marcus' in Cairo", in: Risse und Zeichnungen von Fritz Wettler an H. Kessler aus Egypten, 1865, Archiv St. Chrischona.

[23] Halbkreuzer 1862, S. 4.

[24] KSPM II, 7. Juni 1861, S. 8.

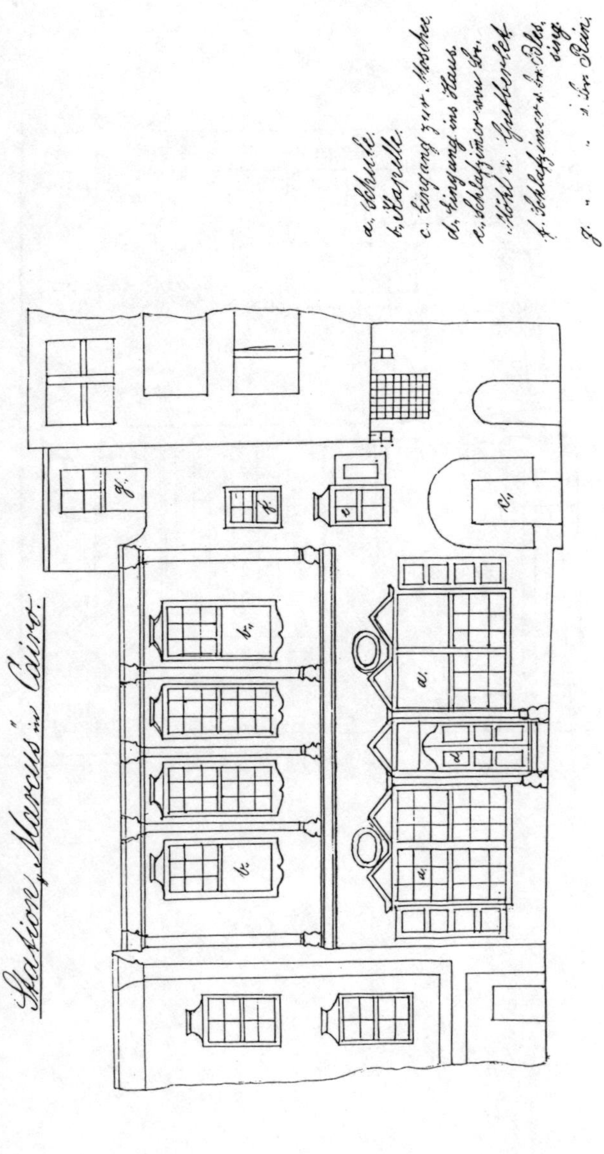

Abb. 7: St. Markus-Stationshaus in Kairo, Frontansicht

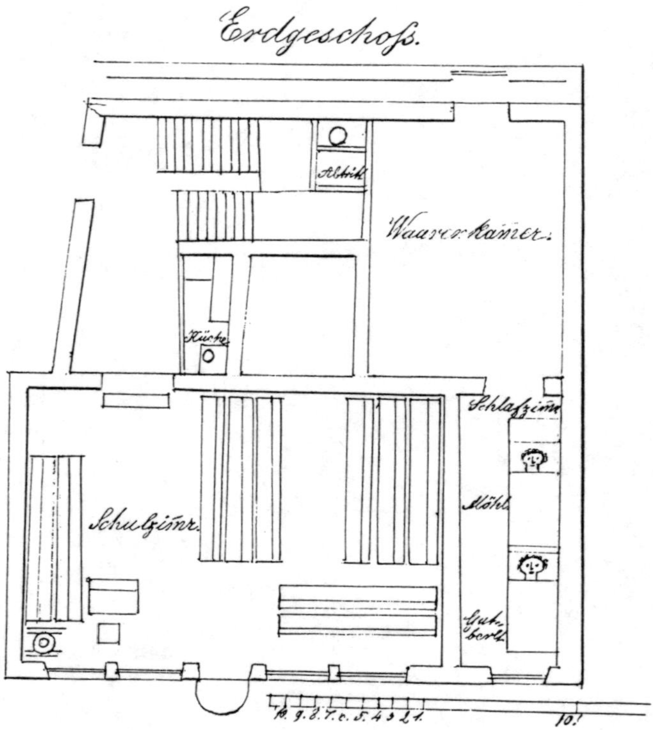

Abb. 8: St. Markus-Stationshaus in Kairo, Grundriß Erdgeschoß

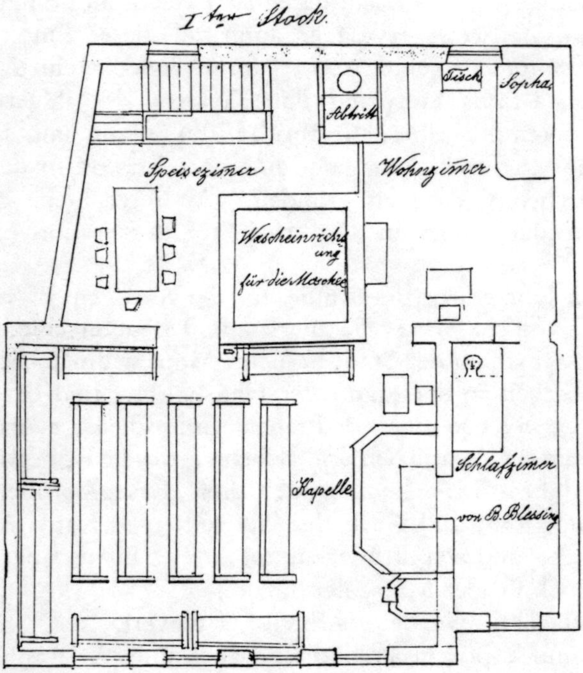

Abb. 9: St. Markus-Stationshaus in Kairo,
Grundriß 1. Stock

der Stationen in Ägypten undurchführbar war.[25] Spittler zeigte sich daraufhin bereit, auf die Errichtung einer zweiten Station zunächst zu verzichten. Zeitweise erwog er aufgrund dieser Einschätzung sogar, das gesamte Projekt „Apostelstraße" wieder einzustellen.[26] Auf Drängen Krapfs entschied das Komitee der Pilgermission jedoch im September 1861, die Brüder Haußmann und Eipperle von Kairo aus loszuschicken,[27] um eine neue Station in der Nähe der abessinischen Grenze zu gründen.[28] An ihrer Stelle trat der Chrischonabruder Bühler in die Arbeit auf der Station in Kairo ein.[29]

Im zweiten Jahr wurde die Schule, für die vor allem Blessing zuständig war, von 20 bis 35 Schülern aus den unterschiedlichsten Bevölkerungsschichten der Stadt besucht. Möhl widmete sich mehr der Missionsarbeit in der Stadt, der Haushaltung und der Schriftenverbreitung. Neben dem deutschen Gottesdienst wurde jetzt auch mit einem wöchentlichen arabischen Gottesdienst begonnen.[30]

Ende des Jahres 1862 kamen noch drei „Reservebrüder" nach Kairo: Stamm, Rein und Gutberlet. Sie sollten in Kairo Arabisch lernen und die anderen Brüder unterstützen. Etwas später kam dann auch noch Bruder Mutschler hinzu.

Die Schularbeit wurde dadurch erschwert, daß römisch-katholische und koptische Priester und auch jüdische Rabbiner gegen die Schule Stimmung machten. Man hielt aber unbeirrt am Hauptziel der Schule fest, daß die Kinder die Bibel in ihrer Muttersprache lesen und verstehen lernen sollten.[31]

---

[25] Spittler an [?], 30. August 1861, SA Basel, PA 653, E1. Vgl. Kapitel IV.1.e.

[26] Spittler an [?], 30. August 1861, SA Basel, PA 653, E1.

[27] KSPM II, 20. September 1861, S. 14.

[28] 13. Rundschreiben 1861, S. 9.

[29] Bühler war eher zufällig zur Arbeit der „Apostelstraße" gekommen. Er hatte den Moskauer Platon d' Dustinoff als Privatsekretär zu dessen Kur nach Ägypten begleitet und erhielt dessen Erlaubnis, die entstandene Lücke in Kairo zu füllen. 13. Rundschreiben 1861, S. 9.

[30] 14. Rundschreiben 1862, S. 10.

[31] 15. Rundschreiben 1863, S. 6. Weitere Einzelheiten zur Schularbeit in Kairo finden sich in: „Mittheilungen aus der Korrespondenz der Pilgermission: zunächst für deren auswärtige Brüder bestimmt", Nr.1 / März 1865, Archiv St. Chrischona, S. 2f.

Im Februar und im Mai 1863 wurden von den Brüdern Ausflüge an den Suezkanal gemacht,[32] wobei man unter den zahlreichen Arbeitern, die Monat für Monat aus allen Teilen Ägyptens kamen, arabische Traktate verbreitete.[33]

Am 4. Januar 1864 wurde von Kairo aus eine größere Karawane „mit vielen Kisten heiliger Schriften und Waaren"[34] losgeschickt; zum einen sollte sie neue Pilgermissionare auf die Stationen in Khartum und Matammah bringen. Zum anderen sollten vor allem auf St. Chrischona gedruckte amharische Bibeln an die abessinische Grenze nach Matammah transportiert werden. Von den etwa 30 Kamelen waren „18 nur mit amharischen Bibeln und Testamenten belastet".[35]

In die Dörfer nördlich von Kairo unternahmen die Brüder Möhl und Gutberlet 1864 eine Kolportagereise.[36] Da sie sowohl unter Kopten, als auch unter Muslimen sehr aufmerksame Zuhörer vorfanden und ihnen bald die Literatur ausging, beschloß das Komitee in Jerusalem, daß sie eine zweite Reise unternehmen sollten.[37]

Auf dieser zweiten Reise erlebten die Pilgermissionare eine noch

---

32 Eine detaillierte Beschreibung der Reise der Brüder Bühler und Stamm an den Suez-Kanal im Februar 1863 ist mitsamt einer Skizze ihrer Reiseroute in einer handschriftlichen Abschrift erhalten geblieben. Wilhelm Bühler, „Bericht der Herrn Bühler u. Stamm über ihre Reise an den Suez Kanal", Kairo, 9. März 1863, Briefe von C.F. Spittler, Faszikel „Apostelstraße", Archiv St. Chrischona. Die gleiche Karten-Skizze findet sich auch noch einmal im Staatsarchiv Basel. SA Basel, PA 653, E1.

33 15. Rundschreiben 1863, S. 6f. Zeitweise erwog man sogar die Eröffnung einer eigenen Kolportage-Station am Suez-Kanal. KSPM II, 4. Dezember 1863, S. 86.

34 16. Rundschreiben 1864, S. 11.

35 15. Rundschreiben 1863, S. 9. Eine zweite Expedition wurde am 14. November 1864 unter der Leitung von Haußmann von Kairo aus nilaufwärts gestartet. 16. Rundschreiben 1864, S. 11f.

36 „Mittheilungen aus der Correspondenz der Pilgermission: zunächst für deren auswärtige Brüder bestimmt", Nr.2 / Juli 1864, Archiv St. Chrischona, S. 1–3.

37 „In einer Stadt bestellten 17 coptische Schreiber das arabische Testament, und in mehreren Dörfern baten die Leute, sie möchten bei ihnen bleiben und sie unterrichten." 16. Rundschreiben 1864, S. 14.

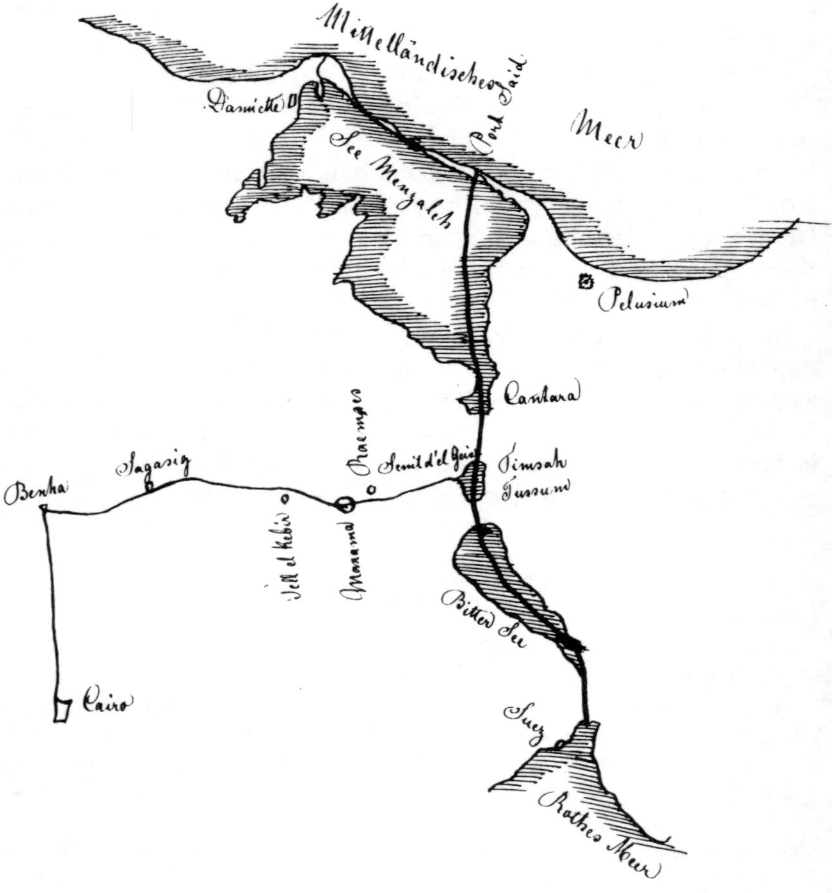

Abb.10: Reise der Brüder Bühler und Stamm zum Suez-Kanal

größere Offenheit.[38] In den fünf Wochen ihrer Reise wurden sie fast täglich von Kopten und Muslimen dazu gedrängt, noch mehr vom Evangelium zu erzählen. David Möhl berichtete darüber:

> ... es braucht nur eine Anregung, so steigt in den armen Seelen ein Lebensdurst auf und verlangt, getränkt zu werden.[39]

Auch die Literatur, die die Missionare mit sich führten, fand reißenden Absatz:

> ... die einen wollten Traktate, die anderen Bibeln, Testamente und Psalter kaufen, und es ging über unsere Bücher her, als wenn eine Hungersnot wäre, und man brächte einen Korb Brod [sic!].[40]

Einzelnen Kopten konnte Möhl zur entscheidenden Hilfe auf dem Weg zu einem lebendigen Glauben werden.[41] Da Möhl auf dieser Reise den Eindruck gewonnen hatte, „daß hier mehr Erfolg zu hoffen ist, als in der großen Sündenstadt Kairo",[42] begab er sich bald wieder auf eine Kolportagereise ins Nildelta zwischen Kairo und Alexandrien, diesmal zusammen mit dem neu eingetroffenen Chrischonabruder Schlegel.[43] Auch auf dieser Reise erlebten sie eine große Offenheit. Bald nach ihrer Rückkehr erkrankten beide jedoch an der damals in Kairo herrschenden Cholera. Möhl und Schlegel erlagen schließlich beide am 3. Juli 1865 ihrer Krankheit. Auch der mit Schlegel und Rickle zusammen erst neu in Kairo angekommene Wojtko starb noch im selben Jahr.[44]

Im folgenden Jahr wurde die Arbeit in Kairo zwar weitergeführt, man hatte aber Ende des Jahres 1866 den Eindruck, daß „die häu-

---

38 Auszüge aus einem Reisebericht von David Möhl wurden von Ludwig Krapf mit einem Vor- und Nachwort versehen und für die Verbreitung unter den „Freunden der Pilgermission" in Druck gegeben. Krapf (Hg.), „Morgenluft aus Egypten" (im folgenden zitiert als: Morgenluft), 1865, Archiv St. Chrischona. Ebenfalls vorhanden im: SA Basel, PA 653, E1. Auch eine englische Übersetzung des Reiseberichtes wurde herausgegeben: Krapf (Hg.), „Apostolic Highway: Dawn in Egypt", 1865, Archiv St. Chrischona.

39 Morgenluft, S. 8.

40 Morgenluft, S. 7.

41 Morgenluft, S. 12.

42 Morgenluft, S. 22.

43 17. Rundschreiben 1865, S. 12.

44 17. Rundschreiben 1865, S. 12.

figen Wechsel, welche bisher stattfanden, dem Werke ziemlich geschadet" hätten.[45]

Eine Frucht der Arbeit in Kairo war es, daß die Deutschen in der Stadt 1864 eine „Deutsche Evangelische Gemeinde" gründeten.[46] Im Jahre 1866 übernahm Bruder Haußmann die Aufgabe, diese Gemeinde als Seelsorger zu betreuen. Allerdings war dies nur eine vorübergehende Lösung. Haußmann mußte aus Gesundheitsgründen zur Erholung zuächst nach Europa zurückkehren. Später begleitete er die militärische Expedition der Engländer nach Abessinien als Dolmetscher.[47] Weitere Wechsel in der Arbeit führten dazu, daß schließlich die Brüder Ostertag und Rickle alle anfallenden Aufgaben in der Schule, in der Stadtmission und in den sonntäglichen deutschen und arabischen Gottesdiensten übernahmen. Unterstützt wurden sie darin von Abdallah Habib, der eine Ausbildung im Syrischen Waisenhaus in Jerusalem erhalten hatte.[48]

Nachdem Carl Heinrich Rappard seit Anfang 1867 alle vierzehn Tage von Alexandrien gekommen war, um in Kairo Gottesdienste zu halten,[49] erbat sich die Deutsche Gemeinde in Kairo ihn 1868 als Prediger. Aber auch Rappard blieb nur dreieinhalb Monate in Kairo,[50] da er bald als neuer Inspektor nach St. Chrischona berufen wurde.[51] Für ihn übernahm wieder Ostertag die Betreuung der Deutschen Gemeinde. Da man von seiten der Deutschen Gemeinde allerdings mit Ostertag nicht recht zufrieden und zudem die finanzielle Situation sehr angespannt war, erwog man im Komitee der Pilgermission die Schließung der Station St. Markus in Kairo.[52] Weil sich die Deutsche Gemeinde im Stationshaus versammelte, bat

---

[45] 18. Rundschreiben 1866, S. 11f.

[46] Vorstand der Deutschen Evangelischen Gemeinde in Kairo (Hg.), 100 Jahre Deutsche Evangelische Gemeinde in Kairo. Vgl. Kapitel V.1.

[47] 19. Rundschreiben 1867, S. 12.

[48] 19. Rundschreiben 1867, S. 12.

[49] D. Rappard, Carl Heinrich Rappard, S. 97.

[50] Einzelheiten aus dieser kurzen Zeit Rappards in Kairo finden sich in: D. Rappard, Carl Heinrich Rappard, S. 97–104.

[51] D. Rappard, Carl Heinrich Rappard, S. 105–115. Der hier erwähnte Umschlag mit den drei „Berufungsbriefen" Jaegers ist erhalten geblieben: „Des Herrn Ruf nach St. Chrischona durch seinen Knecht Louis Jaeger", Archiv St. Chrischona.

[52] KSPM III, 6. September 1868, S. 38.

sie jedoch dringend um die Fortführung der Arbeit durch einen ordinierten Bruder. So willigte die Pilgermission ein, die Arbeit in der Deutschen Gemeinde und die Schularbeit noch weiter fortzusetzen.[53]

Die Arbeit auf der Station St. Markus in Kairo beschränkte sich in den folgenden Jahren mit wenigen Ausnahmen[54] im wesentlichen auf die deutsche Bevölkerung. Im Jahre 1870 unterrichtete Bruder Stamm in der Schule noch neun Kinder, in der Deutschen Gemeinde hatte er etwa zwanzig Gottesdienstbesucher.[55]

Im Jahr 1871 plante man, die Arbeit in Kairo an den Jerusalems-Verein in Berlin[56] zu übergeben,[57] der es sich zur Aufgabe gemacht hatte, die deutschen Protestanten im Orient mit Predigern zu versehen.[58] Stamm blieb jedoch noch bis ins Jahr 1872 in Kairo, da 1871 noch kein Nachfolger für ihn eingetroffen war.[59]

b) Die Station St. Paulus in Matammah (1862–1868)

Gegen Ende des Jahres 1861 reisten die Brüder Haußmann und Eipperle von Kairo aus ab,[60] um in der Nähe der abessinischen Grenze eine geeignete Stelle für die Eröffnung einer zweiten Station zu suchen.[61] Am 9. März 1862 erreichten sie Abu Harras in Nubien,[62] an das zunächst als Standort der zweiten Station gedacht war.

---

[53] 20. Rundschreiben 1868, S. 16.

[54] Bruder Schlotthauer unternahm auf dem Nil einige Missionsreisen, wobei er sich vor allem um die Fellachen kümmerte. 21. Jahresbericht 1869, S. 21.

[55] 22. Jahresbericht 1870, S. 22f.

[56] Zum Jerusalems-Verein: Foerster, Jerusalems-Verein.

[57] 23. Jahresbericht 1871, S. 21 Nach Moritz Lüttke wurde die Arbeit später vom Evangelischen Oberkirchenrat in Berlin, von der Gustav-Adolf-Stiftung und vom Berliner Jerusalemsverein getragen. Lüttke, Aegyptens Neue Zeit, S. 428.

[58] 22. Jahresbericht 1870, S. 22.

[59] 23. Jahresbericht 1871, S. 21. KSPM III, 22. Mai 1972, S. 141. Rohden [Missionsinspektor, Barmen], „Das neuere Aegypten", S. 551. Vgl. Kapitel V.1.

[60] Begleitet wurden sie von den Brüdern Staiger und Brandeis, die im Auftrag der Schottischen Judenmission nach Abessinien unterwegs waren. 14. Rundschreiben 1862, S. 12.

[61] 13. Rundschreiben 1861, S. 9.

[62] Über einen Monat verweilten die Brüder auf dieser Reise in Khartum, wo sie einige Gottesdienste hielten. Nach Angaben des englischen Konsuls Pethe-

Da ihnen Abu Harras als Handelsplatz jedoch zu unbedeutend erschien,[63] reisten sie noch einige Tagesreisen weiter. Am 26. März erreichten sie, von Fieber stark mitgenommen, das nahe der abessinischen Grenze gelegene Matammah. Dieser Ort erschien ihnen für die Eröffnung der zweiten Verbindungsstation zu Abessinien sehr günstig: Matammah war zwar nicht besonders groß[64], aber es war der Hauptort des kleinen Staates Galabat, der im Norden an den ägyptischen Sudan und im Süden an Abessinien grenzte.[65] Hier wurde ein reger Handel mit Abessinien betrieben. Der Erwerb eines Grundstückes war nicht schwierig. Bald hatte Eipperle einige Hütten gebaut, und die Brüder konnten beginnen, hinter den Hütten einiges Land mit Gemüse und mit Baumwolle zu bebauen. Von den am Ort ansässigen Abessiniern ließen sie sich im Amharischen unterrichten.[66]

Die äußere Erhaltung der Station nahm die Brüder jedoch so sehr in Anspruch, daß an die Errichtung einer Schule vorläufig nicht zu denken war. So beschränkten sie sich in ihrer Verkündigung auf Erwachsene, denen sie das Wort Gottes vorlasen, worauf sie sich mit ihnen über den gelesenen Bibelabschnitt unterhielten.[67] Die Resonanz darauf war allerdings sehr begrenzt:

---

rick waren es „die ersten protestantischen [Gottesdienste], die je in Chartum gehalten worden sind". „Mittheilungen aus der Correspondenz der Pilgermission: zunächst für deren auswärtige Brüder bestimmt", Nr. 2 / 1862, Archiv St. Chrischona, S. 6.

[63] Eine detaillierte Begründung, warum man sich nicht in Abu Harras niederlassen wollte, findet sich in: „Mittheilungen aus der Correspondenz der Pilgermission: zunächst für deren auswärtige Brüder bestimmt", Nr. 2 / 1862, Archiv St. Chrischona, S. 7. Später korrigierte man die negative Einschätzung über die Bedeutung von Abu Harras als Handelsplatz. Krapf (Hg.), „Bericht der Apostelstraßen-Station St.Paulus in Matammah, an der Grenze des nordwestlichen Abessiniens: Erstattet von den Pilger-Missionaren Haußmann und Eipperle" (im folgenden zitiert als: Bericht Matammah 1863), Basel, Juni 1863, Archiv St. Chrischona, S. 18.

[64] Spittler spricht im 14. Rundschreiben an die Freunde der Pilgermission von etwa 1000 Einwohnern. 14. Rundschreiben 1862, S. 11.

[65] Viele Einzelheiten zur Bevölkerung Matammahs und auch zur Geschichte und Politik des Kleinstaates Galabat finden sich in: Bericht Matammah 1863, S. 2–9.

[66] 14. Rundschreiben 1862, S. 11f.

[67] Bericht Matammah 1863, S. 10.

Unsere Erfahrungen in Verkündigung des Evangeliums unter den Muhammedanern sind im Allgemeinen stets dieselben. Widerspruch finden wir im Ganzen wenig, sondern meistens Zustimmung, aber leider eine Zustimmung der Stumpfheit und Gleichgültigkeit, wo man oft einen ordentlichen Widerspruch lieber hätte.[68]

Da der König von Abessinien den Brüdern die Zusage gegeben hatte, daß sie als Kaufleute frei in seinem Land ein- und ausgehen dürften, machte Haußmann ab Februar 1863 eine Handelsreise nach Abessinien, auf der er auch mit den Brüdern in Abessinien zusammentreffen wollte.[69] In Abessinien angekommen, konnte er die mitgeführten Waren gut absetzen.[70] Angesichts des günstigeren Klimas in Abessinien beschloß er, über die Regenzeit in Abessinien zu bleiben.[71] Von seinem Zusammentreffen mit den Brüdern in Abessinien und mit König Theodoros verfaßte er bald nach seiner Rückkehr im Dezember 1863 einen ausführlichen Bericht.[72]

Eipperle reiste im März 1863 nach Khartum, um Einkäufe für sich selbst und die Brüder in Abessinien zu tätigen und um zu sehen, ob neue finanzielle Unterstützung für sie eingetroffen sei.[73] In Khartum konnte er auch erste Schritte für die Eröffnung einer dritten Station in die Wege leiten. Als er Anfang Mai wieder in Matammah ankam, erhielt er die Nachricht, daß Haußmann über die Regenzeit in Abessinien bleiben würde. Nachdem Eipperle eine Gartenbewässerung eingerichtet und einige weitere Hütten für neue Brüder gebaut hatte, machte er sich am 5. Juli 1863 zu einer neuen Reise nach Kairo und Jerusalem auf.

In Jerusalem traf er mit seiner aus Basel eingetroffenen Braut Elise Maier und mit den für die „Apostelstraße“ bestimmten Brüdern Deiß, Ostertag und Grandlienard zusammen.[74]

---

68 Bericht Matammah 1863, S. 11. Der Bericht enthält eine ausführliche Darstellung Haußmanns über die Schwierigkeit, die er in der Verkündigung des Evangeliums unter Muslimen empfand. Bericht Matammah 1863, S. 11f.

69 Bericht Matammah 1863, S. 19f.

70 15. Rundschreiben 1863, S. 7f.

71 Krapf (Hg.), „Bericht über die neuesten Vorgänge in Abessinien im Jahr 1863 von C.F. Haußmann, Pilgermissionar“ (im folgenden zitiert als: Bericht Haußmann), Basel, 1864, Archiv St. Chrischona, S. 4.

72 Bericht Haußmann, S. 3–22.

73 Bericht Matammah 1863, S. 20.

74 15. Rundschreiben 1863, S. 8f.

Nachdem Eipperle in Alexandrien geheiratet hatte,[75] kehrte er nach Kairo zurück und leitete von dort aus die große Karawane, die über Khartum amharische Literatur zur abessinischen Grenze transportierte und am 4. Juni 1864 Matammah erreichte.[76]

Die beiden Brüder Mutschler und Bühler und auch Eipperles junge Frau, die mit der Karawane neu in Matammah eingetroffen waren, hatten viel mit Fieberanfällen zu kämpfen.[77] Deshalb unternahm Eipperle von Juni bis November 1865 zusammen mit seiner Frau eine Reise nach Abessinien, wo das Klima erträglicher war. Auch hatte er in Abessinien

> ... Manches mit den dortigen Brüdern zu besprechen und zu ordnen, und ihre Verhältnisse persönlich kennen zu lernen.[78]

Auf der Station in Matammah wurden in der Folgezeit einige Sklavenkinder zur Erziehung aufgenommen. Auch bemühten sich die Brüder, auf den wöchentlichen Märkten das Evangelium zu verbreiten. Doch hatte man den Eindruck, daß „Matammah bis jetzt ein unfruchtbarer Boden“ sei.[79] Man wollte an der Station in Matammah aber auch weiterhin festhalten, da man sie für „unumgänglich nötig“ hielt als Verbindung zu den Brüdern in Abessinien, die dort inzwischen auf Veranlassung von König Theodoros in Gefangenschaft gesetzt worden waren.[80]

Im Jahr 1866 mußte Bruder Bühler aus Gesundheitsgründen in die Heimat zurückkehren. Dafür kamen die Brüder Rein und Deiß als Verstärkung hinzu.[81] Auch 1867 wurde wieder ein schwieriges Jahr für die Station in Matammah: Am 14. Juli 1867 starb Bruder Mutschler und im gleichen Jahr auch noch der Sohn von Ehepaar Eipperle.[82]

---

75 „Mittheilungen aus der Correspondenz der Pilgermission: zunächst für deren auswärtige Brüder bestimmt“, Nr.1 / März 1864, Archiv St. Chrischona, S. 1.

76 16. Rundschreiben 1864, S. 11. Vgl. III.2.a.

77 17. Rundschreiben 1865, S. 14.

78 Krapf (Hg.), „Schwüle Mittagsluft aus Abessinien ... oder: Br. Eipperle's Bericht über seine Reise von Matamma nach Gaffat in Abessinien“, Basel, 1. Mai 1866, Archiv St. Chrischona.

79 17. Rundschreiben 1865, S. 14.

80 20. Rundschreiben 1868, S. 15. Vgl. Kapitel I.3.c.

81 18. Rundschreiben 1866, S. 12f.

82 19. Rundschreiben 1867, S. 14.

Da die St. Paulus-Station viel kostete und wenig Aussicht auf fruchtbare Missionsarbeit zeigte, wurde sie aufgegeben, nachdem die Gefangenen in Abessinien im Jahre 1868 die Freiheit wiedererlangt hatten.[83]

c) Die Station St. Thomas in Khartum (1864–1871)

Auf der Reise, die Eipperle 1863 von Matammah aus nach Khartum unternahm,[84] bot ihm der österreichische Konsul Binder sein Haus zu einem günstigen Preis zum Kauf an.[85] Das war der Anlaß, jetzt auch in Khartum mit einer Station der „Apostelstraße" zu beginnen, denn „ein bloßer Blick auf die Karte zeigt die Wichtigkeit eines Postens in Chartum":[86]

> Kartum ist der Knotenpunkt für Abessinien, Sudan, Egypten, dem blauen und weißen Nil. Sobald der Posten besetzt sein wird, wird auch der Verkehr der ganzen Straße viel leichter, schneller und regelmäßiger von Statten gehen.[87]

Mit der Karawane, die Eipperle von Kairo aus bis nach Matammah führte, kamen am 10. April 1864 auch die ersten Brüder für die St. Thomas-Station in Khartum an.[88] Im englischen Konsulat begannen die Brüder Stamm und Grandlienard Gottesdienste abzuhalten. Außerdem eröffneten sie eine Schule, die bald von 11 Schülern besucht wurde.[89]

---

83 20. Rundschreiben 1868, S. 15. Bei der an dieser Stelle erwähnten Station in Gedarif handelt es sich um einen Außenposten der Station in Matammah, auf den 1867 schließlich die ganze Station St. Paulus verlegt worden war. KSPM III, 30. März 1867, S. 6. KSPM III, 25. April 1868, S. 33. J.Ch. Blessing, „Protokoll der Sechsten Brüder Conferenz" [Abschrift], Khartum, 19. März 1868, SA Basel, PA 653, E 4. „The Pilgrim-Mission at St. Chrischona near Basle" [Vorstellungstraktat], Basel, Juli 1867, Archiv St. Chrischona, S. 3. Vgl. auch die Erwägungen zur Eröffnung einer Außenstation von Matammah in Dabbeh. KSPM II, 28. Mai 1866, S. 140.

84 Vgl. Kapitel III.2.b.

85 KSPM II, [Juni 1863], S. 61.

86 15. Rundschreiben 1863, S. 8.

87 Bericht Haußmann, S. 21.

88 16. Rundschreiben 1864, S. 11.

89 16. Rundschreiben 1864, S. 14.

Die Brüder Haußmann und Eipperle hatten sich dafür eingesetzt, in Khartum auch eine Missions-Handlung zu errichten. Durch diese Missions-Handlung sollte zum einen der Unterhalt der Station gesichert werden, zum anderen sollte in Khartum als dem „Zentrum für Abessinien und Innerafrika" eine Basis für die weitere Missionsarbeit in Afrika eingerichtet werden. Für diese Arbeit berief die Pilgermision den Kaufmann Wilhelm Duisberg aus Stuttgart.[90] Im Mai 1864 wurde die „Apostel-Straße-Missions-Handlung" in Khartum unter der Firma „C.F. Spittler & Co." gegründet.[91] Das Betriebskapital von zunächst 40 000 Franken erhielt man, indem man die Missions-Handlung als eine Art Aktiengesellschaft konstituierte,

> die unter der Leitung einer „Handlungs-Commission" stand. Vorsitzender dieser Kommission war [Carl] Mez. Besitzer der Aktien zu 1000 Fr. waren (so weit feststellbar) im wesentlichen Basler Kaufleute oder begüterte Privatpersonen, die in der Regel in engerem Kontakt zu den Werken Spittlers standen. Außer der Rendite von 4 % Zinsen war jedoch kein Geschäft zu machen, weil ein möglicher erwirtschafteter Überschuß zur Hälfte in einen Reservefond und zur anderen Hälfte in die Apostelstraßenmission fließen sollte.[92]

Mit einer weiteren Expedition, diesmal unter der Leitung Haußmanns, gelangten Duisberg und Bruder Sautter, der ihn im Handelsgeschäft unterstützen sollte, nach Khartum.[93] Duisberg begann

---

[90] 16. Rundschreiben 1864, S. 11.

[91] „Partial-Schuldschein der Apostel-Straße-Missions-Handlung in Kartum: Firma C.F. Spittler & Co.", SA Basel, PA 653, E4. „Partial-Schuldschein der Apostel-Straße-Missions-Handlung in Kartum: Firma C.F. Spittler & Co.", Briefe von C.F. Spittler, Faszikel „Apostelstraße", Archiv St. Chrischona.

[92] vom Orde, Carl Mez, S. 228. Die genauen Statuten der „Apostel-Straße-Missions-Handlung" sind in den Partial-Schuldscheinen abgedruckt. „Partial-Schuldschein der Apostel-Straße-Missions-Handlung in Kartum: Firma C.F. Spittler & Co.", SA Basel, PA 653, E4. Auszugsweise abgedruckt in: Staehelin, a.a.O., S. 618–619. Die Namen der einzelnen Kreditoren sind ersichtlich aus einer „Zinszahlungsliste" vom 1. Juni 1867. „Spittler an die ‚geehrten Creditoren der Apostelstraßen-Missions-Handlung in Chartum'", Basel, 28. August 1867, SA Basel, PA 653, E4. Zu Carl Mez (1808–1877): vom Orde, a.a.O. Hier finden sich auch weitere Einzelheiten über die „Missions-Handlung" in Khartum. vom Orde, a.a.O., S. 227–229.

[93] 16. Rundschreiben 1864, S. 12.

Apostel-Straße-Missions-Handlung

in

Kartum.

Firma: C. F. Spittler & Co.

Partial-Schuldschein

Nro. [redacted]

über

Fr. 1000,

sage Eintausend Franken,

welche ....

der obengenannten Handlung geliehen hat, als ein Theil des Gesammtanleihens von Vierzig Tausend Franken, das zur Gründung und zum Betrieb jener Handlung von uns unter den in anderseitigen Statuten ausgesprochenen Bedingungen aufgenommen wurde.

Dieses Kapital wird von der Kartumer Handlung zu Vier Procent verzinst, und der Zinsenbetrag je am ersten Juni alljährlich durch Vermittlung des Kassiers der Pilgermission ausbezahlt.

Wir unternehmen dieses Geschäft im Aufblick auf den HErrn und erflehen von Ihm Segen für dasselbige und für Alle, die dazu mitgewirkt haben und noch mitwirken werden, sowie auch für Alle, die damit in Berührung kommen werden.

Basel, den 15. Mai 1864.

Im Namen der Committee der Pilgermission.

Das älteste Mitglied:

Der Kassier:

Der Secretär der Apostelstraße:

Abb. 11: „Partial-Schuldschein" der Missions-Handlung in Khartum

mit der Arbeit der Missions-Handlung[94] und wurde außerdem mit dem königlich preußischen Konsulat über Oberägypten betraut.[95] Neben dem Gartenbau versuchten die ebenfalls neu angekommenen Brüder Wettler und Kaiblinger den Unterhalt der Station zu sichern, indem sie 1865 eine Schreinerei und eine Schmiede in Khartum eröffneten. Die Brüder Stamm und Grandlienard arbeiteten weiter in ihrer Schule und suchten nach Möglichkeiten, in der Stadt das Evangelium zu verkündigen.[96]

Regelmässige Gottesdienste in arabischer Sprache wurden begonnen, nachdem Blessing mit seiner Frau und den Brüdern Treiber und Levi nach Khartum gekommen war.[97] Blessing war kurze Zeit vorher von Bischof Gobat in Jerusalem ordiniert worden. Darin kam eine neue Schwerpunktsetzung in der Arbeit zum Ausdruck: Die ordinierten Brüder sollten in den Städten

> zunächst eine Gemeinde aus Europäern zu bilden suchen, und von hier aus auf die koptischen Christen und die Muhamedaner einwirken.[98]

Die Arbeit in der Schule konnte nach einer Unterbrechung mit 25 Knaben fortgesetzt werden.

> Die Lehrfächer im Arabischen sind Bibellesen und Bibelerklärung, Geographie, Grammatik, Schreiben, Rechnen und Auswendiglernen von Bibelsprüchen, Liedern, Glaubensbekenntnissen und dem Vaterunser, die zehn

---

[94] Die Missions-Handlung in Khartum bestand aus „... einem europäisch gebauten, großen Wohnhaus ...; einem Oekonomiehaus mit Gesindewohnung, Bäckerei, Küche, Stallungen ...; fünf großen Waaren-Magazinen; einem großen Hof und Garten mit vielen Oelbäumen, 2 Brunnen ...; sämtliches mit einer hohen Mauer um- geben ...“ „Partial-Schuldschein der Apostel-Straße-Missions-Handlung in Kartum: Firma C.F. Spittler & Co.“, SA Basel, PA 653, E4. Im Archiv von St. Chrischona existieren zwei Zeichnungen der Missions-Handlung in Kartum. „Miss.Haus in Chartum“, in: Risse und Zeichnungen von Fritz Wettler an H. Kessler aus Egypten, 1865, Archiv St. Chrischona. „Vorderfront v. Miss.haus Chartum“, in: Risse und Zeichnungen von Fritz Wettler an H. Kessler aus Egypten, 1865, Archiv St. Chrischona.

[95] Carl Mez an die „verehrlichen Mitglieder der Handelscomission“, 25. November 1864, SA Basel, PA 653, E4. Komitee der Pilgermission an Frau Zaeslin-Falkeisen, 24. September 1867, SA Basel, PA 653, E4.

[96] 17. Rundschreiben 1865, S. 13.

[97] 18. Rundschreiben 1866, S. 12.

[98] 17. Rundschreiben 1865, S. 14.

Abb. 12: St. Thomas-Stationshaus in Khartum, Vorderfront

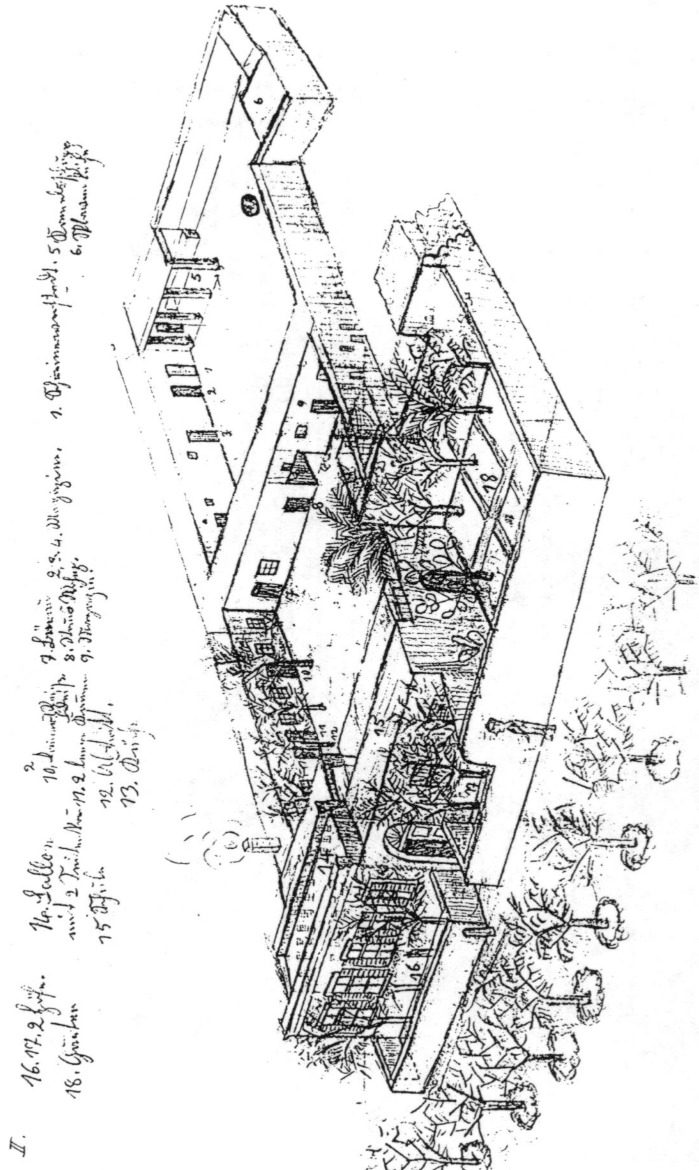

Abb. 13: St. Thomas-Stationshaus in Khartum

Gebote werden später dazu kommen; im Französischen Lesen, Schreiben und Rechnen.[99]

Da auch die Arbeit in der Missions-Handlung gut voranging, konnte man das Jahr 1866 als einen „neuen Aufschwung" bezeichnen. Allerdings verstarben in diesem Jahr Bruder Wettler und auch Blessings Frau.[100]

Im Jahr 1867 unternahm Blessing zusammen mit Levi und Treiber einige Evangelisationsreisen entlang des Weißen und Blauen Nil in Richtung Innerafrika.[101]

Duisberg war 1867 zu Besuch in Europa, wo er Martha Mück aus Stuttgart heiratete. Er konnte von seiner Arbeit berichten, daß das Handelshaus angesichts der damals schwierigen Handelsverhältnisse in Khartum recht gut lief.[102] Auf seinen Antrag hin beschloß man, das Betriebskapital um bis zu 50 000 Franken zu erhöhen.[103]

Im Jahre 1868 verstarb der neu dazugekommene Bruder Gutberlet, der besonders in der Schularbeit eingesetzt worden war. Die junge Frau von Duisberg starb im gleichen Jahr, nachdem sie einem Mädchen das Leben geschenkt hatte, das allerdings auch bald verstarb.[104] Nachdem gegen Ende des Jahres 1868 auch noch Blessing aus gesundheitlichen Gründen in die Heimat abreisen mußte, blieben nur noch die Brüder Duisberg, Greiner und Levi in Khartum. Gemeinsam versuchten sie, die Missions-, Schul- und Handelsgeschäfte zu erledigen.[105]

---

[99] 18. Rundschreiben 1866, S. 12.

[100] 18. Rundschreiben 1866, S. 12.

[101] 19. Rundschreiben 1867, S. 13.

[102] „Neben den Zinsen ... und neben allen Unkosten ... haben jene Fr. 40,000. in einer Geschäftszeit von Ostern 1865 ... bis Ende Februar 1867 ... Fr. 18,276. Gewinn abgeworfen." Komitee der Pilgermission an Frau Zaeslin-Falkeisen, 24. September 1867, SA Basel, PA 653, E4.

[103] 19. Rundschreiben 1867, S. 13f. Die Statuten für diese zweite Anleihe entsprechen den Statuten der ersten Anleihe. „Statuten für das Anleihen bis 50,000 Franken ...", Basel, 2. September 1867, SA Basel, PA 653, E4. Vgl. auch: „Partial-Schuldschein mit Statuten ...", Schweizerisches Wirtschaftsarchiv im WWZ Basel, Nr. 229.

[104] 21. Jahresbericht 1869, S. 20.

[105] 20. Rundschreiben 1868, S. 15f.

Aufgrund der vielen Todesfälle bewegte das Komitee die Frage, ob man die Station in Khartum aufgeben sollte. Man maß dem Posten jetzt geringere Bedeutung zu, da die Brüder in Abessinien inzwischen freigekommen waren und man auch die Station in Matammah bereits geschlossen hatte. So wurde beschlossen, die Brüder Duisberg, Levi und Greiner aus Khartum abzuziehen und somit das Handelsgeschäft aufzuheben.

Blessing, der zur Erholung in Europa war, bat aber so dringend, wieder nach Khartum zurückkehren zu dürfen, „daß die Comite es als Gottes Willen erkannte, darauf einzugehen". Zusammen mit seiner jungen Frau und mit dem Sudanesen Abdallah Dorgam[106] kehrte er 1869 nach Khartum zurück.[107]

Das Ende der Station in Khartum kam, nachdem Blessing am 7. Juli 1871 nach kurzer Krankheit verstarb.

> Es wären nun in der Anstalt mehrere Brüder gewesen, die wohl Muth und Freudigkeit gehabt hätten, diesen schwierigen Posten zu beziehen; aber da wir schon früher mit dem Gedanken beschäftigt gewesen waren, dieses Feld zu verlassen, so konnten wir nicht anders, als den Heimgang dieses lieben Bruders, der am entscheidensten auf Fortführung des Werkes gedrungen hatte, als einen Wink vom HErrn ansehen, die Station nun wirklich aufzuheben.[108]

Obwohl man die Bevölkerung Khartums von Anfang an als „sehr unempfänglich für das Evangelium" erlebt hatte und obwohl man der Ansicht war, „daß die Mission kein Gebiet zur Ausbreitung gehabt hätte", empfand man die Aufgabe der Station als schmerzlich,

> namentlich um der Kinder willen, die in der Schule schon Vieles von Jesu und seinem Erlösungswerk gehört hatten.[109]

---

[106] Abdallah Dorgam war ein Sudanese, der von seinem Schutzherrn, Hr. Darrie aus Marseille, für den Missionsdienst freigestellt und von 1865 bis 1869 zur Ausbildung nach Chrischona gesandt worden war. „Chrischona-Blättchen für ihre Collecten-Vereine", Nr. 1 / März 1870, Archiv St. Chrischona, S. 1–4. KSPM II, 21. Juni 1865, S. 115. KSPM III, 16. Juli 1866, S. 144. KSPM III, 11. September 1867, S. 19. KSPM III, 26. Mai 1869, S. 51. 17. Rundschreiben 1865, S. 3.

[107] 21. Jahresbericht 1869, S. 20.

[108] 23. Jahresbericht 1871, S. 20f.

[109] 23. Jahresbericht 1871, S. 21.

d) Die Station St. Matthäus in Alexandrien (1865–1875)

Die Station St. Matthäus in Alexandrien bestand in gewissem Sinne schon einmal im Jahre 1861. Die von der schottisch-kirchlichen Judenmissionsgesellschaft für Abessinien bestimmten Chrischona-Brüder Brandeis und Staiger wohnten für einige Zeit in der Stadt. Sie unterrichteten in einer kleinen Schule und missionierten in der Stadt und unter der Schiffsbevölkerung im Hafen.[110]

Zur eigentlichen Gründung der Station kam es im Jahre 1865. Zunächst begann Bruder Ostertag „in vorläufiger Weise als Stadtmissionar". Am 20. Oktober kam Heinrich Rappard in Alexandrien an.[111] Er hatte sich nach seiner Ausbildung auf St. Chrischona noch einige Zeit in England und Schottland vorbereitet und war vor seiner Aussendung für seine neue Aufgabe ordiniert worden.[112]

Rappard gründete eine Schule in Alexandrien und predigte regelmäßig in Deutsch, Englisch und Französisch.[113] Außerdem richtete er eine Leihbibliothek mit deutscher und französischer Literatur ein.[114] Da sein Gehilfe Grandlienard wegen Krankheit in die Heimat zurückkehren mußte, wurde der Lehrer Bauder als Verstärkung nach Alexandrien gesandt.[115] Er übernahm auch den Organistendienst in der Deutschen Gemeinde. Ostertag machte im Nildelta mehrere Reisen zur Bibelverbreitung.[116]

Bald nachdem Rappard im November 1867 Dora Gobat, die Tochter Bischof Gobats, geheiratet hatte,[117] wechselte er auf die

---

[110] 13. Rundschreiben 1861, S. 7.

[111] D. Rappard, Carl Heinrich Rappard, S. 70. Vgl. zur Arbeit auf der St. Matthäus-Station in Alexandrien: Veenhof, „Apostelstrasse", 356–358.

[112] 17. Rundschreiben 1865, S. 11. Zur Vorbereitungszeit Rappards: D. Rappard, Carl Heinrich Rappard, S. 50–65.

[113] Einzelheiten über Rappards Schwierigkeiten während seiner ersten Zeit in Alexandrien finden sich in seinen Tagebuchauszügen in: D. Rappard, Carl Heinrich Rappard, S. 73–77.

[114] KSPM III, 10. April 1867, S. 8.

[115] Ein ausführlicher Bericht Bauders über das Leben in Alexandrien findet sich in: „Mittheilungen aus der Korrespondenz der Pilgermission: zunächst für deren auswärtige Brüder bestimmt", Nr. 2 u. 3 / Juni 1868, Archiv St. Chrischona, S. 7–12.

[116] 18. Rundschreiben 1866, S. 11.

[117] 19. Rundschreiben 1867, S. 11f. D. Rappard, Carl Heinrich Rappard, S. 83–94.

St. Markus-Station in Kairo und später nach St. Chrischona.[118] Nun übernahm Bauder, der im gleichen Jahr heiratete, die Schule.[119]

Die Schularbeit, die man nach anfänglichen Rückschlägen in den europäischen Teil der Stadt verlegt hatte,[120] wuchs in der folgenden Zeit beständig.[121] Im Jahr 1870 besuchten schon 90 Kinder, 66 Jungen und 24 Mädchen, die Schule. Die Mehrzahl der Schüler kam aus europäischen Familien; Kopten oder Muslime waren kaum vertreten.[122] Weitere Lehrer kamen hinzu, u.a. Elise Linder als Hilfe für die Mädchenklassen.

Das Haus in Alexandrien hatte inzwischen den Charakter einer christlichen Herberge erhalten, da Durchreisende gerne dort Station machten.[123] Außerdem hielt man Sonntagnachmittags eine Erbauungsstunde, zu der jeweils 12–15 Personen kamen. Durch das Orgelspielgehalt Bauders und die Schul- und Kostgelder konnten die Kosten der Station zeitweise bis auf ein Zehntel von den Mitarbeitern selbst gedeckt werden.[124]

Im Jahre 1871 mußten Bauder zusammen mit seiner Frau und auch Bruder Greiner aufgrund ihrer angeschlagenen Gesundheit zur Erholung in die Heimat reisen. Als Verstärkung kam dafür Bruder Jüllich nach Alexandrien. Als Ehepaar Bauder wieder nach Ägypten reiste, nahmen sie Frl. Imhof als zweite Lehrerin für die Mädchenklassen mit. Neben den sonntäglichen Versammlungen im Haus wurde jetzt auch ein Jünglingsverein gegründet,[125] der von 8 bis 12 Teilnehmern besucht wurde.[126]

Die wachsende Schülerzahl brachte es mit sich, daß praktisch keine Evangelisationsarbeit außer Haus mehr getan werden

---

[118] 20. Rundschreiben 1868, S. 5f.

[119] 20. Rundschreiben 1868, S. 16.

[120] Bunke, Zeuge Jesu Christi, S. 28.

[121] Einen kurzen Überblick über die Entwicklung der Schularbeit gibt Bauder in: D. Rappard, Carl Heinrich Rappard, S. 78f.

[122] 22. Jahresbericht 1870, S. 26.

[123] D. Rappard, Carl Heinrich Rappard, S. 81f. „Vorläufige Gedanken über die projectirte christliche Herberge in Alexandrien in Egypten“, SA Basel, PA 653, E2.

[124] 22. Jahresbericht 1870, S. 27f.

[125] 23. Jahresbericht 1871, S. 22f.

[126] 24. Jahresbericht 1872, S. 17.

Abb. 14: Carl Heinrich Rappard (1837–1909) im Jahre 1865

konnte.[127] Jedoch konnte in der Schule durch das Lesen des Neuen Testamentes auch den jüdischen Kindern, die etwa die Hälfte der Schüler ausmachten, das Evangelium bezeugt werden.[128]

Die Schülerzahl war im Jahr 1873 auf 163 Kinder angewachsen: 102 Jungen in vier Klassen und 61 Schülerinnen in drei Mädchenklassen. 8 Lehrkräfte waren mit dem Unterricht beauftragt.[129]

Ehepaar Bauder mußte 1874 aus Gesundheitsgründen endgültig in die Heimat zurückkehren.[130] Die Schülerzahl wuchs zwar bis 1875 noch auf 200 weiter an, man entschloß sich aber, die Schule in die Verantwortung der Deutschen Gemeinde in Alexandrien zu übergeben. Man war der Ansicht, daß die Schularbeit unter europäischen Kindern „doch nur in sehr indirekter Weise“ die Missionsarbeit war, an die man bei der Anlegung der „Apostelstraße“ gedacht hatte.[131] Somit wurde im Jahr 1875 auch die Station St. Matthäus in Alexandrien aufgegeben.

e) Die Station St. Petrus in Assuan und Esneh (1866–1868)

In Robert Arthington[132] aus Leeds in England fand die Pilgermission einen neuen Förderer der „Apostelstraße“.[133] Ludwig Krapf berichtete Spittler über ihn:

> Er scheint ein reicher Mann zu sein, der das Vermögen seines Vaters geerbt hat u. einen Teil für das Reich Gottes geben will ... Herr Arthington hat ein brennendes Verlangen nach der Ausbreitung des Evangeliums unter allen

---

[127] 24. Jahresbericht 1872, S. 16.

[128] 24. Jahresbericht 1872, S. 18f.

[129] Moritz Lüttke, der frühere Geistliche der „deutschen evangelischen Gemeinde zu Alexandrien“ lobte die „Bauder'sche Schule“ in höchsten Tönen. Lüttke, Aegyptens Neue Zeit, S. 283–285.

[130] 26. Jahresbericht 1874, S. 24.

[131] 27. Jahresbericht 1875, S. 28.

[132] Zu Robert Arthington (1823–1900): Chirgwin, Arthington's Million. Stanley, „Robert Arthington and the Baptist Missionary Society“.

[133] Robert Arthington erscheint in den Protokollen der Pilgermissionsleitung im Februar 1864 zum ersten Mal. KSPM II, 29. Januar 1864, S. 90. KSPM II, 26. Februar 1864, S. 91. Vgl. zur Rolle Arthingtons: Kapitel III.3.b.

den vielen Stämmen die am weißen Fluß wohnen und die nur von Kartum aus erreicht werden können.[134]

Gegen Ende des Jahres 1864 erhielt die Pilgermission von Arthington die Zusage für eine Spende von 400 £ mit der Aufforderung, vier neue Stationen auf der „Apostelstraße“ zu gründen.[135]

Man beschloß allerdings aus finanziellen Gründen, zunächst nur die zwei Stationen St. Petrus in Assuan und St. Bartholomäus in Berber „so bald immer möglich“ mit je drei Brüdern zu besetzen.[136]

Im folgenden Jahr wurde daraufhin Bruder Schlotthauer nach Ägypten gesandt.[137] 1866 konnte er zusammen mit den Brüdern Gutberlet, Raible und Rickle in Assuan die Station St. Petrus eröffnen. Ein passendes Haus hatten sie bereits gefunden.[138]

Mit der Eröffnung der Station in Berber wollte man 1866 aufgrund von finanziellen Engpässen noch warten.[139] Als Arthington deswegen Rechenschaft über die Verwendung seiner Gaben forderte, versuchte man ihm zu erklären, daß „wegen Theuerung jetzt 200 £ weniger wert seien als vorher 100 £“. Da Arthington ein schnelleres Vorgehen wünschte, machte man ihm deutlich, daß man auch wegen der nötigen Akklimatisierung und des Sprachstudiums der Brüder nur langsam vorangehen könne.[140] Spittler war es ein Anliegen, daß trotz der unterschiedlichen Auffassungen über die Vorgehensweise „Einheit in den Verhandlungen befördert und Mißverständniß verhütet werde“.[141] In der Folgezeit finden sich

[134] Krapf an Spittler, 17. November 1864, SA Basel, PA 653, E1.

[135] KSPM II, 25. November 1864, S. 105. Arthington an Krapf [Deutsche Übersetzung], 14. November 1864, SA Basel, PA 653, E1.

[136] 16. Rundschreiben 1864, S. 12. KSPM II, 25. November 1864, S. 105.

[137] 17. Rundschreiben 1865, S. 12.

[138] 18. Rundschreiben 1866, S. 12.

[139] KSPM II, 8. August 1866, S. 145. Krapf (Hg.), „Sechster Jahresbericht für die Theilnehmer an der Zwei-Centimes-Collecte zum Besten der Pilger-Mission auf St. Chrischona bei Basel“, Korntal, 1. Dezember 1866, Archiv St. Chrischona, S. 4.

[140] KSPM II, 1. Oktober 1866, S. 155.

[141] KSPM II, 29. Oktober 1866, S. 157.

Abb. 15: Blick auf den Nil bei Assuan; Blick von der Stelle, an der ein Missionshaus gebaut werden sollte

keine eindeutigen Hinweise darauf, daß es noch zur Eröffnung der Station in Berber gekommen wäre.[142]

1867 wurde die Station St. Petrus „von Assuan nach dem von mehr Kopten bewohnten Esneh verlegt".[143] Da die Brüder Rickle und Gutberlet in andere Aufgaben gewechselt waren, waren jetzt nur noch Schlotthauer und Raible auf der St. Petrus-Station. Schlotthauer machte eine mehrtägige Reise, um nilaufwärts in Richtung Wadi Halfa das Wort Gottes zu verbreiten. Er machte ermutigende Erfahrungen, „wobei ihm seine ärztlichen Kenntnisse sehr zu Statten kamen".[144]

Nach der Befreiung der Brüder in Abessinien wurde im Jahre 1868 die St. Petrus-Station in Esneh der Mission der amerikanischen Presbyterianer übergeben, die auch Bruder Schlotthauer in ihren Dienst übernahm.[145]

---

[142] In der Literatur ist trotzdem immer wieder von sechs eröffneten Stationen der „Apostelstraße" die Rede. Zum Teil wird dabei die St. Paulus-Außenstation in Gedarif in die Zählung einbezogen. Staehelin, a.a.O., S. 23. Brecht und Deppermann (Hg.), Der Pietismus im achtzehnten Jahrhundert, S. 717. Franz, Mission ohne Grenzen, S. 127. Oestreicher, „Die Welt des Islam", S. 82. „Die Pilgermission auf St. Chrischona bei Basel" [Informationsschrift], Basel, 1869, Archiv St. Chrischona, S. 7. „Mittheilungen aus der Korrespondenz der Pilgermission: zunächst für deren auswärtige Brüder bestimmt", Nr. 5 / Oktober 1868, Archiv St. Chrischona, S. 18. Rennstich scheint sogar von sieben eröffneten Stationen auszugehen. Rennstich, Nicht jammern – Hand anlegen, S. 121. Von vier Stationen ist die Rede in: Otth, „Äußere Mission", S. 123. Moritz Lüttke schreibt zur Anzahl der Stationen erklärend: „Zu diesen [den fünf eröffneten Stationen] kamen noch verschiedene Punkte südlich von Khartum hinzu, die aber nicht als eigentliche Missionsstationen gelten konnten, sondern nur der Verbindung mit Abessinien dienten." Lüttke, Aegyptens Neue Zeit, S. 457.

[143] 19. Rundschreiben 1867, S. 12. KSPM III, 18. Mai 1867, S. 10.

[144] 19. Rundschreiben 1867, S. 12.

[145] 20. Rundschreiben 1868, S. 15. KSPM III, 25. April 1868, S. 33.

3. Unverwirklichte Projekte im Zusammenhang mit der „Apostelstraße"

a) Die „Reservekolonie" in Gosen

Um das Anliegen der „Apostelstraße" zu unterstützen, „hatte Spittler schon vor längerer Zeit den Plan ins Auge gefaßt, in Egypten ein Stück Land anzukaufen ..."[146] Man war nämlich der Ansicht, für eine Kette von Missionsstationen wäre

> ... vor Allem auch eine Reserve erforderlich, von welcher aus beständig die einzelnen Posten vorgeschoben werden können, von wo aus ihnen Hülfe und Zufuhr sowohl an geistlichen Streitern, wie auch jede andere nothwendige Unterstützung werden kann.[147]

Man wollte neu ankommenden Missionaren einen Ort schaffen, an dem sie „sich ans Klima, Arbeiten, Sprache, Sitten und Verkehr des Landes vorläufig gewöhnen" könnten.[148] Außerdem dachte man daran,

> ... auch für die einzelnen Stationen eine sichere Zufluchtsstätte zu haben, wo auch die Brüder in jeder Weise Schutz, Obdach, Erholung, und was sie überhaupt bedürfen finden könnten.[149]

Für eine solche Niederlassung hielt man das Gosen-Gebiet für geeignet:

> Wir wählen Gosen ... nicht deshalb, weil einmal das Volk Gottes seine Jugendzeit dort zugebracht hat, sondern einfach darum, weil dieses Ländchen sich am besten für unser Apostelstraßen-Unternehmen zu eignen scheint. Erstens ist es nur eine Tagreise nordöstlich von Cairo entfernt, und zweitens

---

[146] Kober, a.a.O., S. 316.

[147] „Entwurf eines Begleitschreibens ‚Gründung einer Reservekolonie im Ländlein Gosen btr.'", [1863], SA Basel, PA 653, E1.

[148] Krapf, „Programm der Apostelstraße: oder einer Missionspostenlinie nach den Nil-Ländern u. Centralafrika im Allgemeinen, und nach Abessinien insbesondere" (im folgenden zitiert als: Programm / St. Chrischona), Korntal, 10. Februar 1863, Archiv St. Chrischona, S. 5. Die Passagen in diesem Programm, die die „Reserve-Kolonie" in Gosen betreffen, sind im Anhang abgedruckt.

[149] „Entwurf eines Begleitschreibens ‚Gründung einer Reservekolonie im Ländlein Gosen btr.'„, [1863], SA Basel, PA 653, E1.

ist es noch ein wenig angebaut und bewohnt (obwohl es wasserreich ist) und könnte daher uns hinreichenden Raum zu einer Niederlassung gewähren.[150]

Das Projekt fand im Kreise der Freunde Spittler große Zustimmung.[151] Der Chrischonalehrer Kaplan Schlienz ließ sich durch dieses neue Projekt ermutigen, in der Schule auf St. Chrischona weiterhin Unterricht im Arabischen zu erteilen.[152]

1863 entwarf Ludwig Krapf für die angedachte Niederlassung in Gosen ein Programm:

> Krapf dachte sich dieselbe als eine Art Brüdergemeinde wie Kornthal, in welcher entschieden christliche und wo möglich vermögliche Auswanderer aus Europa den Grundstock bilden sollten, und welche dann für Bekehrte aus Egypten, Abessinien und anderen Gegenden Afrikas ein Anschlußpunkt und für die Arbeiter auf der Apostelstraße ein Stützpunkt sein könnte.[153]

Dabei dachte man auch an die finanzielle Unterstützung der Arbeit auf der „Apostelstraße".[154] Die Bewohner der Reserve-Kolonie sollten nämlich

> ... durch Erwerb nicht nur sich selbst erhalten, sondern auch zum Unterhalt der Station Marcus in Cairo beitragen und derselben zum materiellen Stützpunkt dienen.[155]

---

150 „Noch ein wenig" meint hier „erst wenig". Programm / St. Chrischona, S. 5. Spittler hatte den in Jerusalem verweilenden Schwager Gobats, Samuel Zeller, veranlaßt, eine Inspektionsreise nach Gosen zu unternehmen. „Dieser hatte das Land sehr fruchtbar, wasserreich, gesund und fast ohne Bewohner gefunden." Kober, a.a.O., S. 316.

151 Kober, a.a.O., S. 316. Spittler an Carl August Rappard, 2. März 1863, Briefe von C.F. Spittler, Faszikel „Apostelstraße", Archiv St. Chrischona.

152 KSPM II, 17. April 1863, S. 55. Noch 1868 kamen Missionare anderer Gesellschaften nach St. Chrischona, um dort Arabisch zu lernen. KSPM III, 25. Januar 1868, S. 27.

153 Claus, Dr. Ludwig Krapf, S. 186. Spittler plante sogar zeitweise, das Syrische Waisenhaus in Jerusalem nach Gosen zu verlegen. „Man hätte dann mehr Arbeitskräfte u. Beschäftigung für die Brüder." Krapf an Spittler, Korntal, 16. März 1863, Briefe von C.F. Spittler, Faszikel „Apostelstraße", Archiv St. Chrischona. Den Hinweis darauf verdankt der Autor: Hauzenberger, Basel und die Bibel, S. 162.

154 „Zu dem Gedanken eine Colonie in Gosen zu errichten hat mich einzig die Erklärung von Hr. Jäger gebracht, daß sehr wenige Beiträge für ... die Apostelstraße einlaufen." Spittler an Carl August Rappard, 19. März 1863, Briefe von C.F. Spittler, Faszikel „Apostelstraße", Archiv St. Chrischona.

155 Programm / St. Chrischona, S. 6.

Vor allem Krapf bemühte sich immer wieder um dieses Projekt: Er versuchte, Arthington dafür zu begeistern, und dachte schon daran, eine Gemeindeordnung für die Niederlassung zu entwerfen in Anlehnung an jene der Brüdergemeinde in Korntal.[156] In den folgenden Jahren war es allerdings nie möglich, konkrete Schritte zu einer Verwirklichung der „Reserve-Kolonie" in Gosen zu unternehmen.[157] So mußte auch Krapf schließlich einsehen, daß der Plan nicht durchzuführen war.[158] 1866 schrieb er diesbezüglich an Spittler:

> Es wäre freilich etwas Herrliches, eine christliche Colonie zu gründen als Mittelpunkt für die Missionsthätigkeit der Pilgermission im Orient, aber die große Schwierigkeit wäre, die rechten Leute zu bekommen ... Kornthal hat seinerzeit rechte Brüder gehabt ..., aber die junge Generation, die heranwächst, ist meist ganz unerweckt ... Wenn also der HErr nicht besondere Gnade giebt zur Errichtung einer Colonie, so wollen wir es nicht erzwingen, denn er sieht weiter hinaus als wir kurzsichtige Menschen.[159]

b) Die „Prophetenstraße"

Im Frühjahr 1864 sandte Robert Arthington aus England 2500 Fr. für die Eröffnung einer Station unter den Gallas. Da die Pilgermission schon einen zweckgebundenen Betrag von 500 Fr. für die Arbeit unter den Gallas hatte[160] und auch Ludwig Krapf einen festen jährlichen Beitrag zu beschaffen versprach,[161] richtete man ganz neu die Blicke auf die Galla-Stämme.[162] Als sich Bischof Gobat im September 1864 in Basel aufhielt, wurde dieses Anliegen besprochen und fand seine Zustimmung.[163] Auch das Jerusalemer Komitee war

---

156 Claus, a.a.O., S. 186.

157 So ist es auch zu erklären, daß dieses Projekt in den Protokollen des Komitees der Pilgermisison und in den jährlichen „Rundschreiben an die Freunde der Pilgermission" kaum erwähnt wird.

158 Claus, a.a.O., S. 186.

159 Claus, a.a.O., S. 186f.

160 Z.T. aus dem Verkauf eines Büchleins über das Leben der Galla Pauline Fatmeh. 16. Rundschreiben 1864, S. 12.

161 KSPM II, 25. November 1864, S. 104.

162 16. Rundschreiben 1864, S. 12.

163 16. Rundschreiben 1864, S. 12.

damit einverstanden.[164] Für die Station, die man in Tschersa Daga eröffnen wollte, wurden die Brüder Meyer, Bühler und Deiß bestimmt.[165]

Da die politische Situation in Abessinien angespannt war, machte Krapf 1865 den Vorschlag, die Gallas nicht durch Abessinien, sondern durch eine Kette von Missionsstationen entlang des weißen Nil zu erreichen.[166] In Anlehnung an die „Apostelstraße“ sollte diese neue Stationen-Kette „Prophetenstraße“ heißen. Man hatte daran gedacht, den vier Stationen die Namen der vier großen Propheten zu geben.[167] Arthington war bereit, 1000 £ für die Anlegung dieser Stationen zu geben.[168]

Das Komitee der Pilgermission war diesem Vorschlag gegenüber jedoch zurückhaltend:

> Da uns an d. Apostelstraße durch d. jüngst gegründeten 3 neuen Stationen, deren Anfang u. Gedeihen wir noch nicht wissen, sowie d. Anlegung der neuen Galla Station schon so viel in d. Hände gegeben ist, können wir uns gegenwärtig mit der Prophetenstraße noch nicht befassen.
> Herr Kaplan [Schlienz] wird ersucht dem He. Arthington zu schreiben, daß wir, wenn Gott unsere jetzt begonnenen Stationen gedeihen läßt, vielleicht nächstes Jahr es wagen könnten, mit 2 Stationen wieder weiter zu schreiten, wenn He. Arthington die 1000 £ bis dorthin anlegen wollte.[169]

Man beschloß, vier Brüder für die Arbeit auf der „Prophetenstraße“ vorzusehen und nach Ägypten auszusenden, mit der Eröffnung des Projekts aber noch zuzuwarten.[170] Als Krapf und Arthington in einem weiteren Brief immer noch auf die Eröffnung der

---

164 KSPM II, 25. November 1864, S. 104.

165 16. Rundschreiben 1864, S. 12.

166 C.H. Rappard, Pilgermission 1840–1908, S. 129. KSPM II, 3. Februar 1865, S. 108.

167 C.H. Rappard, a.a.O., S. 130. Einige Quellen sprechen von zwölf geplanten Stationen der Prophetenstraße: Richter, Mission im Orient, S. 249. Rudersdorf, Dora Rappard, S. 42. Fiedler, Glaubensmissionen, S. 109.

168 17. Rundschreiben 1865, S. 15. KSPM II, 3. Februar 1865, S. 108.

169 KSPM II, 3. Februar 1865, S. 108.

170 KSPM II, 21. Juni 1865, S. 114. Krapf (Hg.), „Fünfter Jahresbericht für die Theilnehmer an der Zwei-Centimes-Collecte zum Besten der Pilger-Mission auf St. Chrischona bei Basel“, Korntal, 6. Dezember 1865, Archiv St. Chrischona, S. 7.

Stationen drängten, sah sich das Komitee genötigt, dazu nochmals klar Stellung zu nehmen:

> Die Comite d. P.M. erkennt die Aufopferung u. den Eifer unseres Wohltäters, des He. Arthington an, sie kann aber die Absendung der versprochenen Brüder aus folgenden Gründen noch nicht ausführen:
> a. weil keine Zusage v. He. Arthington gemacht wurde, für die Forterhaltung der Stationen.
> b. weil wir bei unseren Missionstätigkeiten im Orient nur in Verbindung mit dem Jerusalems Comite handeln, He. Arthington aber sich mit diesem nicht einlassen will.
> c. weil es nach den gemachten Erfahrungen unverantwortlich wäre, diese jungen Brüder nach nur 1 monatlichem Aufenthalt in Cairo sogleich nach Central-Afrika hineinzusenden, was He. Arthington wünscht.
> d. weil uns die neuesten Nachrichten aus Matammah, sowie die Erfahrungen der mit Br. Duisb. Reisenden der wachsenden Theuerung in Egypten überhaupt zu einem ernsteren Kostenüberschlag veranlassen.[171]

Als das Komitee in Jerusalem von den Plänen für eine „Prophetenstraße" erfuhr, riet es ebenfalls davon ab, „angesichts unserer sonstigen primitiv. Stellung in Egypten u. der Zustände in jenen kaum entdeckten Ländern".[172] Die „Apostelstraße" müsse die Basis sein,

> worauf alles Weitere alsdann erst gebaut werden könne. So lange aber der Unterbau selbst noch so in den ersten Anfängen begriffen sei, könne man doch den Oberbau nicht schon darauf stellen.[173]

Mit Arthington einigte man sich schließlich darauf,

> daß die neu ausgesandten 4 Brüder auf der Apostelstraße solange vorbereitend u. recognoscirend zuzubringen haben, bis ein Vorangehen an den w. Nil rathsam u. möglich ist.[174]

Daraufhin bereiteten sich 1866 einige Brüder teils in Kairo, teils in Khartum für diese Arbeit vor.[175] Im August 1866 beschloß man,

> die Station unter den Gallas, an der Grenze Abyssiniens, jetzt ernstlich in Angriff zu nehmen, und zwar durch die Brüder Deiß, Mutschler & Stamm, mit dem hiezu vorhandenen Geld.[176]

---

[171] KSPM II, 8. April 1865, S. 111f.
[172] KSPM II, 15. Juli 1865, S. 118.
[173] KSPM II, 27. Juli 1865, S. 119.
[174] KSPM II, 27. Juli 1865, S. 119.
[175] 18. Rundschreiben 1866, S. 13.
[176] KSPM II, 8. August 1866, S. 146. Die Abreise von Brüdern zur Eröffnung einer Galla-Station war schon früher in diesem Jahr beschlossen worden,

Ende 1866 bat das Komitee Arthington um etwas Reisegeld, damit die Brüder in Khartum eine Untersuchungsreise am Weißen Nil unternehmen könnten.[177] Über die Prioritäten für das weitere Vorgehen gab es allerdings immer noch unterschiedliche Meinungen zwischen Krapf, Arthington und dem Komitee der Pilgermission. Im Komitee wurde im Februar 1867

> ... ein Brief von He. Dr. Krapf vorgelesen, in welchem er die in unsern Augen irrige Ansicht ausspricht, daß man lieber von der weiteren Ausführung des Ap. Straßenplanes abstehen u. sich mehr den heidnischen Völkerschaften im Sudan zuwenden solle. Papa Spittler will ihm hierüber schreiben u. im Namen der Comite darauf bestehen, daß am Ausbau der Apostel-Str. wie bisher fortgearbeitet werden müsse.[178]

Arthington sandte bald weitere 400 £ für die „Prophetenstraße" und bestand darauf,

> daß diejenigen Brüder weiter vorrücken, welche auf seine Kosten die Mission unter heidnischen Stämmen am weißen u. blauen Fluß (Prophetenstraße) betreiben sollen.[179]

Daraufhin traf man im Komitee in Basel folgende Regelung:[180] Die Brüder sollten zwar weiterhin unter der Leitung der Pilgermission stehen, Arthington sollte sich aber ganz zur Bestreitung ihres Unterhaltes verpflichten. Alle finanziellen Bedürfnisse der „Prophetenstraße" sollten von den Brüdern über Bruder Haußmann in Cairo direkt an Arthington weitergeleitet werden. Sowohl das Komitee in Basel als auch Arthington sollten von Haußmann über den Fortgang der Arbeit regelmäßig informiert werden. Weiterhin legte man fest, welche Brüder sich auf die Reise entlang des Blauen und des Weißen Nil machen sollten. Sie sollten

> im Fall sie die Gründung einer Station an irgend einem Orte in der Nähe dieses Flußes ausführbar finden, gleich dort bleiben u. ihr Werk beginnen.[181]

---

dann aber kam es zu einer Verschiebung des Abreisetermins. KSPM II, 21. Februar 1866, S. 135. KSPM II, 21. März 1866, S. 136.

177 KSPM II, 1. Dezember 1866, S. 159.

178 KSPM III, 4. Februar 1867, S. 1.

179 KSPM III, 4. März 1867, S. 3.

180 KSPM III, 4. März 1867, S. 3–5. Abgedruckt im Anhang.

181 KSPM III, 4. März 1867, S. 4.

Daraufhin sandte Arthington sofort nochmals weitere 100 £.[182]

Als das Komitee in Jerusalem über die weitere Vorgehensweise bezüglich der „Prophetenstraße“ informiert wurde, machten dessen Mitglieder deutlich, daß man

> eine gänzliche Umgehung ihrer Mitbetheiligung an der Leitung der v. He. Arthington unterhaltenen Prophetenstraßen-Mission nicht zulässig findet ...[183]

Mit Rücksicht auf die Bedenken des Jerusalemer Komitees beschloß man, daß Haußmann auch diesem die Berichte über das Ergehen der Brüder zukommen lassen sollte.[184]

Gegen Ende des Jahres 1867 machten sich schließlich einige Brüder von Khartum aus auf den Weg zu den Gallas.[185] Aber auch dieser Versuch, entlang des Blauen Nil zu den Gallas zu gelangen, scheiterte.[186]

> Die 1. Br. Treiber, Adrian und Jakob Mooj kamen bis Fazogli, an die Grenze der egyptischen Herrschaft, und wollten da das Zusammentreffen mit den Brüdern Stamm und Deiß von Gedarif her abwarten, um mit ihnen eine Strecke durch das feindliche Gebiet zusammen zu reisen. Alle drei Brüder wurden aber vom Fieber heftig ergriffen, und der ... Br.Jakob Mooj wurde schon nach einigen Tagen ein Opfer dieses Klimas. Die Andern waren so geschwächt und trostlos, daß sie beschloßen, die Rückreise anzutreten, ehe die Br. Stamm und Deiß ankamen, was Tags darauf erfolgte. Diese beiden Brüder rückten muthig vorwärts und kamen bis Beni Shangol ...[187]

Dort war allerdings auch für sie die Reise zu Ende. Ein Häuptling verwehrte ihnen die sofortige Weiterreise. Als sich daran auch nach einem Vierteljahr nichts geändert hatte und Stamm zudem noch krank geworden war, kehrten auch sie nach Khartum um.[188]

---

182 KSPM III, 30. März 1867, S. 5.

183 KSPM III, 18. Mai 1867, S. 10.

184 KSPM III, 3. Juni 1867, S. 13.

185 9. Rundschreiben 1867, S. 14. Es waren allerdings nur zum Teil die Brüder, von denen im 19. Rundschreiben die Rede ist. KSPM III, 25. Januar 1868, S. 27. KSPM III, 25. April 1868, S. 33. KSPM III, 1. & 2. Juli 1868, S. 37.

186 20. Rundschreiben 1868, S. 14.

187 20. Rundschreiben 1868, S. 14.

188 20. Rundschreiben 1868, S. 14. Einen detaillierteren Einblick in die Rückreise der Brüder Stamm und Deiß nach Khartum gibt: „Chrischona-Blättchen für ihre Collecten-Vereine“, Nr.3 / November 1868, Archiv St. Chrischona, S. 1–3.

Damit war das Projekt der „Prophetenstraße“ gescheitert. Arthington zog sich daraufhin mit seinen Unterstützungen für die „Apostelstraße“ ganz zurück.[189]

Es ist irreführend, wenn Staehelin davon spricht, daß man die „Prophetenstraße“ „auf Drängen Spittlers“ beschlossen habe.[190] Nach den Protokollen des Komitees der Pilgermission waren es Krapf und vor allem Arthington, die in dieser Sache vorwärtsdrängten.[191] Krapf wollte dabei einerseits die Arbeit voranbringen,[192] andererseits gab er Spittler jedoch auch recht:

> Ich bin ganz mit Ihnen einverstanden, daß sich Arthington nicht genug in die Verhältnisse der Brüder hineinversetzt und daher nur immer Neues beginnen will, ehe das Alte recht gegründet und ausgeführt ist.[193]

Spittler und das Komitee der Pilgermission waren im gesamten Verlauf der Verhandlungen sehr vorsichtig und zurückhaltend, was dieses neue Projekt anging.[194] Man wollte zuerst die Arbeit auf der „Apostelstraße“ konsolidieren, während Arthington vorandrängte, um auch die heidnischen Völker Innerafrikas zu erreichen. Die Vermutung liegt nahe, daß das Komitee der Pilgermission nicht völlig überzeugt war von diesem Projekt, schließlich aber Arthington nicht im Wege stehen wollte, wenn dieser unbedingt mit seinem Geld versuchen wollte, eine Missionspostenlinie zu den Gallas zu errichten. Man war sich nämlich bewußt darüber, daß Arthington

---

[189] 20. Rundschreiben 1868, S. 15.

[190] Staehelin, a.a.O., S. 24f.

[191] KSPM II, 3. Februar 1865, S. 108. KSPM II, 8. April 1865, S. 111f. KSPM III, 4. Februar 1867, S. 1. Arthington erwies sich auch in späteren Jahren als ein zwar äußerst großzügiger aber auch besonders ungeduldiger Förderer der Mission. So charakterisiert ihn Julius Richter z.B. in bezug auf die Missonsarbeit der Englischen Baptisten in Kamerun und Westafrika ab 1878 folgendermaßen: „Der stets mit ganz großen Missionsprojekten beschäftigte Kaufmann Rob. Arthington in Leeds drängte sie vorwärts und unterstützte sie mit beträchtlichen Geldmitteln. So kam in diese Mission von Anfang an ein Zug stürmischen Vordringens.“ Richter, Mission in Afrika, S. 200.

[192] KSPM III, 4. Februar 1867, S. 1. Claus, a.a.O., S. 188.

[193] Claus, a.a.O., S. 189.

[194] KSPM II, 3. Februar 1865, S. 108. KSPM II, 8. April 1865, S. 111f. KSPM III, 4. Februar 1867, S. 1.

ein Mann war, „welcher die Mittel besitzt, allen jenen Völkern das Evangelium predigen zu lassen".[195]

Die geringe Identifikation der Leitung der Pilgermission mit diesem Projekt zeigt sich auch darin, daß man im nachhinein die Bemühungen im Zusammenhang mit der „Prophetenstraße" als die „hauptsächlich von einem Freund in England veranlaßten Versuche" bezeichnete.[196]

[195] Ludwig Krapf an Christian Friedrich Spittler, 17. November 1864, SA Basel, PA 653, E1.

[196] 20. Rundschreiben 1868, S. 14.

IV. Die Aufhebung des Projektes „Apostelstraße"

1. Ursachen, die zur Aufhebung des Projektes führten

a) Das vorläufige Ende der Missionsarbeit in Abessinien

Das Projekt „Apostelstraße" war hauptsächlich mit der Absicht ins Leben gerufen worden, eine Verbindung zu den Missionaren in Abessinien zu schaffen.[1] Infolge der Befreiungsexpedition der Engländer im Jahre 1868 waren alle zuvor gefangengenommenen Missionare von St. Chrischona freigekommen und hatten Abessinien verlassen.[2] Mit diesem vorläufigen Ende der Missionsarbeit in Abessinien war somit ein Hauptziel des Projektes „Apostelstraße" weggefallen.

Dementsprechend machte man auch bei der Aufgabe der ersten Stationen in Jahr 1868 deutlich, daß dieser Schritt mit der veränderten Lage in Abessinien zusammenhing:

> Die Stationen ... , welche bisher zur Verbindung mit den Gefangenen in Abessinien unumgänglich waren, aber viel kosteten und wenig Hoffnung für die Missionsarbeit gaben, wurden bald nach der Befreiung der Gefangenen aufgehoben.[3]

Auch die Überlegungen im Jahre 1869, ob man die St. Thomas-Station in Khartum aufgeben sollte, waren maßgeblich davon beeinflußt, daß dieser Posten „seit dem Eingehen unserer südlicheren Stationen und in Folge der abessinischen Expedition" nur noch „geringere Bedeutung" hatte.[4]

---

1 Im 11. Rundschreiben 1859 werden die „Speditions-Verbindungen" mit Abessinien als die „Hauptveranlassung" des Projektes bezeichnet. 11. Rundschreiben 1859, S. 12. Vgl. Kapitel II.2.

2 20. Rundschreiben 1868, S. 12f.

3 20. Rundschreiben 1868, S. 15.

4 21. Jahresbericht 1869, S. 20.

b) Krankheiten und Todesfälle auf der „Apostelstraße“

Eine weitere bedeutende Ursache für das Scheitern des Projektes „Apostelstraße“ waren Krankheiten und Todesfälle. Immer wieder mußten Missionare aus gesundheitlichen Gründen ihre Posten verlassen.[5] Auslöser dafür war vor allem auf den südlicheren Missionsposten oftmals das ungesunde Klima.[6]

> Die Brüder Mutschler und Bühler hatten viel vom Fieber zu leiden, da der Ort ungesund ist, und Schwester Eipperle ward nur durch eine besondere Gnade des HErrn vom Tode errettet ...[7]

Im Sommer 1865 wütete im Vorderen Orient zudem eine schreckliche Choleraepidemie.[8] Auf der St. Markus-Station kam es deshalb in diesem Jahr zu den ersten Todesopfern.[9] Auch in den folgenden Jahren kam es immer wieder zu Todesfällen auf der „Apostelstraße“. So berichtete man z.B. im Rückblick auf das Jahr 1868, in dem zwei Stationen der „Apostelstraße“ geschlossen worden waren:

> Alle übrigen Stationen sind theils durch Todesfälle, theils durch krank abziehende Brüder im Personal beschränkt worden. In Chartum ist der l. Br. Gutberlet ... unerwartet schnell vom HErrn abberufen worden. Nur kurze Zeit darauf traf unsern Kaufmann Br. Duisberg ... der tiefeingreifende Schlag, daß seine junge, theure Gattin ... nach glücklicher Geburt eines gesunden Mädchens, durch das die Kräfte schnell verzehrende Sudanfieber eine Beute des Todes wurde.[10]

Insgesamt kam es in den Jahren zwischen 1865 und 1871 auf der „Apostelstraße“ unter den Missionaren und in ihren Familien zu mindestens 13 Todesfällen.[11]

---

5 18. Rundschreiben 1866, S. 1. 13. 19. Rundschreiben 1869, S. 13. 20. Rundschreiben 1870, S. 15.

6 Veenhof, „Apostelstrasse“, 360.

7 17. Rundschreiben 1865, S. 14.

8 17. Rundschreiben 1865, S. 11. KSPM II, 15. Juli 1865, S. 116. D. Rappard, Carl Heinrich Rappard, S. 72.

9 17. Rundschreiben 1865, S. 12.

10 20. Rundschreiben 1868, S. 15.

11 Zählung der in den jährlichen Rundschreiben und Jahresberichten der Pilgermission dokumentierten Todesfälle durch den Autor.

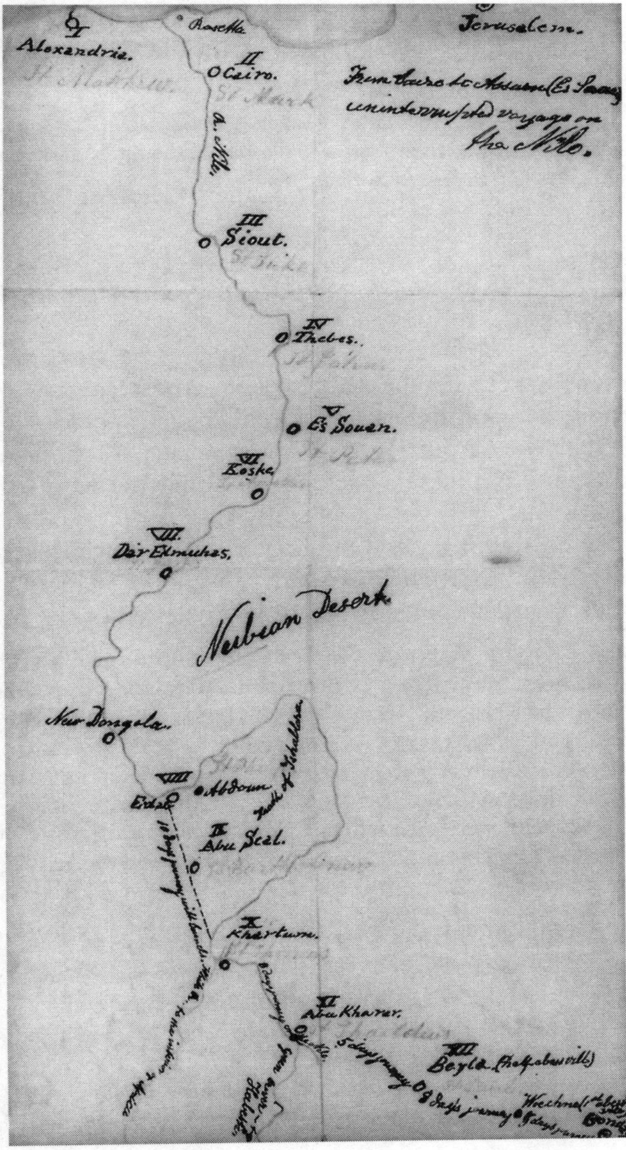

Abb. 16: Kartenskizze der Apostelstraße – englisch

Jan Veenhof bezeichnet das Projekt „Apostelstraße“ vor allem deshalb als eine „Tragödie“.[12] Der Preis für die „Apostelstraße“ sei „überaus hoch“ gewesen:

> Der Verlust von Geld zählt dabei noch am wenigsten. … am schlimmsten sind die Opfer an Menschen – alles junge Leute, die unter anderen Umständen noch vieles hätten leisten können.[13]

c) Wechsel in der politischen und kirchlichen Führung in Ägypten

Eine weitere Ursache für die Aufgabe der „Apostelstraße“ ist in der Veränderung des politischen und kirchlichen Umfeldes zu suchen. Auf die Arbeit der „Apostelstraße“ wirkten sich Wechsel sowohl in der politischen Führung, als auch an der Spitze der Koptischen Kirche ungünstig aus.

Über die Einstellung der Obrigkeiten zur evangelischen Missionsarbeit gibt Julius Richter Auskunft, wenn er in bezug auf die Mission der amerikanischen Presbyterianer schreibt:

> Der Patriarch Kyrill V. (1854–1861), der fortschrittlichste der koptischen Patriarchen, war selbst eifrig auf eine Reformation seiner Kirche an Haupt und Gliedern bedacht und sah in ihnen fast Bundesgenossen. Und der Vizekönig Said Pascha (1854–1863), wohl der sympathischste unter den eingeborenen Herrschern Ägyptens im vorigen Jahrhundert, ließ ihnen gegen die Intrigen der koptischen Geistlichkeit und der moslemischen Beamten stets gern Gerechtigkeit widerfahren, schenkte ihnen auch 1862, wie zuvor der römischen Mission, in günstiger Lage in Kairo einen wertvollen Grundbesitz.[14]

Wenige Jahre später sah die Situation jedoch völlig anders aus:

> Dem Nachfolger Said Paschas, dem prunkliebenden despotischen Ismael Pascha (1863–1879), der am liebsten allen europäischen Einfluß in Ägypten ausgeschaltet hätte, waren die … seine tyrannischen Maßnahmen, besonders die endlosen Zwangsarbeiten, beobachtenden und in der zivilisierten Welt berichtenden Missionare unbequem. Und der neue Patriarch Demetrius II. (1861–1873) setzte seinen ganzen Einfluß daran, die protestantische Ketze-

---

[12] Veenhof, a.a.O., S. 362.

[13] Veenhof, a.a.O., S. 361f.

[14] Richter, Mission im Orient, S. 244.

> rei mit Stumpf und Stil auszurotten. Er unternahm 1867 eine große Reise bis nach Oberägypten, um überall die protestantischer Neigungen verdächtigten Kopten einzuschüchtern ... Die protestantischen Schulen wurden gesprengt, die Häupter der Protestanten in das Gefängnis geworfen und verbannt.[15]

Dementsprechende Erfahrungen wurden auch 1867 von der St. Petrus-Station in Esneh berichtet:

> Die Kopten sind sehr eingeschüchtert durch die Drohungen ihres Patriarchen. Derselbe ließ auf seiner letzten Visitationsreise viele Bibeln ins Wasser werfen, während er sie zu verbrennen als Sünde erklärte, und that den Kopten, welche ihre Kinder in protestantische Schulen schicken, viele Qualen an, bis sie versprachen, dieselben zurückzunehmen.[16]

Insgesamt muß zwar gesagt werden, daß es dem Patriarchen Demetrius II. nicht gelang, „wo möglich sämtliche Missionsstationen zu vernichten" und die protestantische Schularbeit dauerhaft zu unterdrücken.[17] Dennoch entfachte er unter der koptischen Priesterschaft eine fanatische Feindschaft, die die evangelische Missionsarbeit in eine ernste Krise führte.[18]

d) Die Verschlechterung der wirtschaftlichen Verhältnisse in Ägypten

Auch die Verschlechterung der wirtschaftlichen Verhältnisse trug zur Aufgabe der „Apostelstraße" bei. Ausgelöst durch „Mißwachs [sic!], Rinderpest und Cholera"[19] kam es in Ägypten Anfang des Jahres 1866 zu einer massiven Teuerung,[20] die zu einer allgemeinen

---

[15] Richter, Mission im Orient, S. 245. Eine deutlich wohlwollendere Einschätzung des Ismael Pascha findet sich dagegen bei: Rohden, „Das neuere Aegypten", S. 554f.

[16] 19. Rundschreiben 1867, S. 12f.

[17] Rohden, a.a.O., S. 553. 14. Rundschreiben 1862, S. 10. Lüttke, „Koptische Kirche", S. 78f. [Bei der im Artikel angegebenen Seitenzahl ‚87' handelt es sich um einen Druckfehler].

[18] Rohden, a.a.O., S. 553.

[19] Rundschreiben des Komitees der Pilgermission an die ausgesandten Brüder, Basel, 1. August 1867, Archiv St. Chrischona, S. 1.

[20] KSPM II, 28. Mai 1866, S. 139. 18. Rundschreiben 1866, S. 11. Die Teuerung bahnte sich bereits ab 1863 „in immer steigendem Maaße" an. Rund-

Verschlechterung der Lebensbedingungen und zu einer Verelendung der Landbevölkerung führte.

> Auch wirkt die fortwährende Theuerung der Lebensmittel sehr schwer, sowie die Habsucht der ägyptischen Regierung, welche unerschwingliche Steuern eintreiben läßt, trotzdem Handel und Verkehr stillsteht. Die Leute können sich kaum das Leben fristen; ganze Dörfer brechen auf und ziehen mit dem Rest ihrer Habe davon. Sogar Blinden, welche ihr Brod erbetteln, werden Steuern auferlegt, und wenn sie nicht bezahlen, werden sie ohne weiteres ins Gefängnis geworfen; manche Menschen gehen fast nackt.[21]

Somit wurde es auch für die Apostelstraßen-Brüder immer schwerer, ihren eigenen Lebensunterhalt zu sichern.[22]

Auch reichten die Beträge, die man ursprünglich als Aufwand zur Gründung und Erhaltung einer Station veranschlagt hatte, bei weitem nicht mehr aus. Nachdem das Komitee mit den 400 £, die ihm der Engländer Arthington zur Gründung von ursprünglich vier Stationen gegeben hatte, aus finanziellen Gründen nur zwei Stationen in Angriff nehmen wollte,[23] wurde letztlich sogar nur eine neue Station gegründet, da „wegen Theuerung jetzt 200 £ weniger wert seien als vorher 100 £."[24]

Die Ausgaben für die „Apostelstraße" stiegen beständig. Ende des Jahres 1866 mußte man feststellen, daß die Ausgaben für die Stationen „auf das Doppelte gestiegen" waren.[25] 1868 sprach man sogar von den „ungeheuren Ausgaben, welche uns in den letzten drei Jahren in namhafte Schulden hineinbrachten".[26] Um die laufenden Ausgaben überhaupt noch decken zu können, mußte man

> um den Ansprüchen gerecht zu werden, ein Kapital aufnehmen, und dafür einen Theil des Chrischonagutes als Unterpfand geben, was uns sehr schwer ankam, aber, wie wir zum HErrn hoffen, nicht lange währen wird.[27]

---

schreiben des Komitees der Pilgermission an die ausgesandten Brüder, Basel, 1. August 1867, Archiv St. Chrischona, S. 1.

21 19. Rundschreiben 1867, S. 12.

22 Vgl. Kapitel IV.1.e.

23 16. Rundschreiben 1864, S. 105.

24 KSPM II, 1. Oktober 1866, S. 155. KSPM II, 8. August 1866, S. 145.

25 18. Rundschreiben 1866, S. 16.

26 20. Rundschreiben 1868, S. 15.

27 19. Rundschreiben 1867, S. 19. Vgl. Kapitel IV.1.g.

e) *Das Festhalten an der unrealistischen Konzeption der Selbsterhaltung der Stationen*

Auch Fehler in der Konzeption der Arbeit sind als Faktoren anzusehen, die zur Aufgabe der „Apostelstraße“ beitrugen. Die Missionare auf der „Apostelstraße“ sollten für ihren Unterhalt selbst aufkommen, „hauptsächlich durch den Handel, durch die Gewerbe und den Ackerbau“.[28] Einer der Gründe dafür waren die Befürchtungen der Basler Mission, die Pilgermission könnte mit eigenen außenmissionarischen Projekten die Missionskräfte in der Heimat zersplittern.[29]

Schon 1861 hatte Ludwig Krapf bei seinem Besuch in Kairo den Eindruck:

> An Ackerbau, wie Herr Spittler will, ist freilich in diesem Lande nicht zu denken, wenn sie das Evangelium treiben sollen.[30]

Die gleiche Einschätzung teilte General-Konsul König aus Alexandrien. An Spittler schrieb er deswegen:

> So gern ich Ihnen ... nach Kräften behilflich seyn möchte, so muß ich Ihnen doch offen sagen, daß ich Ihre Pläne nicht für ausführbar halte. Das hiesige Clima würde Ihren Abgesandten nicht gestatten, gleich den Einheimischen das Land zu bebauen.[31]

Auch das Komitee in Jerusalem hatte ernste Bedenken gegen das Prinzip der wirtschaftlichen Unabhängigkeit:

> Eine sich selbsthaltende Station ist nach dem Urtheil Sachverständiger eine Unmöglichkeit ... Aus diesen Gründen, erklärt die Committe deßhalb aufs bestimmteste gegen die Anlegung jeder neuen Station, die auf den Fuß der Selbsterhaltung gestellt seyn soll und wird dem gemäß keinen einzigen Bruder von hier aus absenden, oder auch unter ihre verantwortliche Aufsicht

[28] Spittler und Krapf, „Programm der Apostelstraßen-Mission oder einer Missionsposten-Linie von Jerusalem nach den Nil-Ländern und Central-Afrika im Allgemeinen, und nach Abessinien und den Galla-Ländern insbesondere“ (im folgenden zitiert als: Gedrucktes Programm), [1863], Archiv St. Chrischona, S. 3. Vollständiger Abdruck im Anhang.

[29] Vgl. Kapitel I.3.b.

[30] Ostertag (Hg.), „Missionszeitung: Methodistenkirchen“, S. 266.

[31] Spittler an [?], 30. August 1861, SA Basel, PA 653, E1.

> nehmen, wofür nicht von der werthen Basler Committe der nöthige Lebensunterhalt zum Voraus zugesagt worden ist.[32]

Spittler erwog daraufhin eine Zeitlang, das Projekt „Apostelstraße" wieder aufzugeben.[33] Auf Drängen Krapfs wurde die Arbeit jedoch weiter ausgebaut.[34]

Auch auf der daraufhin neu eröffneten St. Paulus-Station in Matammah wurden die Brüder durch die äußere Erhaltung der Station so sehr in Beschlag genommen, daß sie nur schwer eine kontinuierliche Missionsarbeit am Ort aufbauen konnten. So verbrachten sie z.B. die meiste Zeit des Jahres 1863 auf Reisen,

> die theils wegen des nöthigen Verkehrs, theils zur äußeren Consolidierung und Selbsterhaltung der Station unternommen werden mußten.[35]

Als auch die Praxis zeigte, daß die Selbstversorgung auf der „Apostelstraße" nicht funktionierte, meinte man, es handele sich dabei um Anfangsschwierigkeiten.[36] Langfristig gesehen hielt man die Selbstversorgung der Stationen immer noch für möglich:

> ... so wird also in Zukunft die Pilger-Mission eher mehr als weniger brauchen, wenigstens so lange, bis die Stationen der Apostelstraße durch Akkerbau und Handel sich selbst ganz oder zum Theil erhalten können, denn die Selbsterhaltung ist als Grundsatz bei diesem Unternehmen ausgesprochen worden.[37]

---

32 Spittler an [?], 30. August 1861, SA Basel, PA 653, E1.

33 Spittler an [?], 30. August 1861, SA Basel, PA 653, E1.

34 Aus den zur Verfügung stehenden Quellen läßt sich nicht schlüssig erklären, warum das Basler Komitee der Pilgermission innerhalb weniger Tage seine Meinung über die Schließung der „Apostelstraße" änderte. KSPM II, 20. September 1861, S. 14. Spittler an [?], 30. August 1861, SA Basel, PA 653, E1.

35 15. Rundschreiben 1863, S. 7.

36 „Autorisation zur Empfangnahme von Beiträgen für die Pilgermissions-Station St. Marcus zu Cairo", Basel, 4. Dezember 1863, SA Basel, PA 653, E3.

37 Krapf (Hg.), „An die lieben Theilnehmer des Halb-Kreuzer-Vereins zum Besten der Pilger-Missions-Anstalt auf St. Chrischona bei Basel" (im folgenden zitiert als: Halbkreuzer 1862), Korntal, 23. Dezember 1862, Archiv St. Chrischona, S. 4. Man war der Ansicht: „Je bälder die ... Stationen-Reihe vollendet sein wird, desto leichter wird ... die Selbsterhaltung werden." „Pilger-Mission zu St. Chrischona bei Basel" [Vorstellungstraktat], Basel, Januar 1866, Archiv St. Chrischona, S. 4.

Im Jahre 1865 gab man dann zu, daß es auch an dem Grundsatz der Selbsterhaltung liege, daß es mit der „Apostelstraße" nicht so schnell voranging wie erwünscht. Es sei nämlich schwierig, „Mittel und Wege" zur Selbsterhaltung der Stationen zu finden.[38]

Als Bruder Bühler 1865 in einem Brief an das Komitee in Basel davon sprach, daß die „Geldnoth bedenklich" sei und ein „Handelsversuch mit Cafee zum Theil übel ausgefallen" sei, war das Komitte nicht bereit, in bezug auf das Prinzip der Selbstversorgung Änderungen vorzunehmen:

> He. Caplan will Br. Bühler einen aufmunternd. Brief schreiben, u. im Uebrigen findet d. Comite nicht einen Wink zur Aenderung unseres seitherig. Verfahrens in Bezug auf Arbeit zur Selbsterhaltung – sondern eine besonders dunkle Führung – in der vorliegenden Thatsache, deren Ziel wir mit ernstlichem Gebet abwarten sollen.[39]

So war das Prinzip der Selbsterhaltung auch einer der Kritikpunkte, die Bühler ein Jahr später von den Brüdern auf der „Apostelstraße" vor dem Komitee in Basel vortrug:

> Sie finden über der Beschäftigung mit dem Handel, der Agricultur und anderen äußerlichen Dingen nicht recht Zeit, um die Landessprache zu lernen, die doch so nothwendig sei, um als Missionare mit den Leuten zu verkehren.[40]

Die in diesen Jahren in Ägypten einsetzende Teuerung führte dazu, daß das Prinzip der Selbsterhaltung noch weniger durchführbar wurde.[41]

Die unrealistische Forderung an die Brüder der „Apostelstraße", Mittel und Wege zur Selbstversorung ihrer Stationen zu finden, setzte sie unter einen ungeheuren Druck. Kräfte mußten für den Erwerb des Lebensunterhaltes eingesetzt werden, die dann für die eigentliche Missionsarbeit fehlten. Hinzu kam noch, daß die Brüder nur in Ausnahmefällen heiraten durften, denn das Komitee bestand darauf,

---

38 17. Rundschreiben 1865, S. 11.

39 KSPM II, 21. Juni 1865, S. 116.

40 KSPM II, 16. Juli 1866, S. 142f. Abgedruckt im Anhang.

41 Vgl. Kapitel IV.2.a. Nur auf der Station St. Matthäus konnte zeitweise von einer Selbstversorgung die Rede sein. Bunke, Zeuge Jesu Christi, S. 28. 22. Jahresbericht 1870, S. 27f.

> … daß bei jeder Verheirathung eines Bruders der Pilgermission das Prinzip der Selbsterhaltung unter allen Umständen aufrecht erhalten werden müsse.[42]

So schrieb Spittler dann auch in bezug auf die Heirat Eipperles:

> Für den lieben Bruder Eipperle, den ich herzlich grüße, freue ich mich, daß ihm der Herr eine wackere Gattin zuführt; sein Schritt muß aber eine Ausnahme bleiben, bis es sich herausgestellt hat, daß die Stationen mit Gottes Hülfe sich selbst erhalten können. Denn saget selber, Ihr lieben Brüder: wo wollte die arme Pilger-Mission das Geld herbringen, wenn jeder Bruder an der Apostelstraße eine Frau begehrte und nicht wartete, bis er sich auch nur einigermaßen durchbringen kann?[43]

Es muß Spittler zum Vorwurf gemacht werden, daß er nicht einsehen wollte, daß das Prinzip der Selbsterhaltung in der Realität nicht funktionierte.[44] Dabei hatte er doch bereits etwa 15 Jahre vorher im Brüderhaus in Jerusalem die gleichen Erfahrungen machen müssen.[45] Auch damals stellte sich die Frage:

> Sollten die Brüder am Ende all ihre Kraft in gelegentliche Geschäfte investieren, um das Brüderhaus aufrechterhalten und um buchstäblich überleben zu können? Oder aber sollte ihnen vielmehr ein, wenn auch geringes so doch genügendes Einkommen von Basel aus gesichert werden, damit sie ebenso, oder vor allem ihren geistlichen Aufgaben nachgehen konnten … Spittler war sich des Problems durchaus bewußt, glaubte aber auch weiterhin, das letzte mit der Zeit erreichen zu können, ohne das erste sichern zu müssen, wobei er sich, wie die Zukunft noch beweisen sollte, allerdings irrte.[46]

Die notwendige Kritik an Spittler in diesem Punkt wird jedoch relativiert, wenn man bedenkt, daß auch die späteren Glaubensmissio-

---

42 KSPM II, 21. Oktober 1863, S. 84.

43 „Spittler an Johannes Hermann und Johannes Frutiger, 16. November 1863", in: Staehelin, Christentumsgesellschaft, S. 618.

44 Das mußte schließlich auch Krapf erkennen: „Die Geschichte der Apostelstraße hat gezeigt, daß nur unter ganz besonderen Umständen das Princip der Selbsterhaltung ausgeführt werden kann. Mission treiben und einzig u. allein ihre Existenz auf dieses Princip gründen ist unmöglich … im allgemeinen muß der Missionar von der Heimath unterstützt werden." Krapf, „Gedanken bei und für die Reorganisation der Pilger-Mission", Obertürkheim, 27. Juni 1868, SA Basel, PA 653, B2.

45 Vgl. Kapitel I.3.a.

46 Carmel, „Spittlers Beitrag", S. 163.

nen in Afrika aus diesen Erfahrungen nicht gelernt hatten.[47] Auch sie versuchten mit ihrem Konzept der „Industrial Mission", meist erfolglos, das Prinzip der Selbstversorgung anzuwenden.[48] Zwei Gründe machten dieses Prinzip so attraktiv:

> Zum einen die beschränkten finanziellen Möglichkeiten der Trägerkreise der Glaubensmissionen, zum anderen ihr Kirchenverständnis, nach dem Laien volle geistliche Rechte hatten.[49]

Beide Gründe, die Klaus Fiedler hier in bezug auf die Glaubensmissionen nennt, waren wohl auch bei Spittler entscheidend für sein Festhalten an dem Prinzip der Selbstversorgung: Zum einen die sehr begrenzten finanziellen Möglichkeiten, zum anderen das Ideal Spittlers von einem Pilgermissionar als einem berufstätigen Laien.

f) Mangelnde finanzielle Unterstützung

Man kommt nicht umhin, die mangelnde finanzielle Unterstützung als eine Hauptursache für das Scheitern des Projektes „Apostelstraße" anzusehen. Die Leitung der Pilgermission war von Anfang an darauf bedacht, dem Vorwurf der Basler Mission entgegenzuwirken, eine eigene außenmissionarische Tätigkeit der Pilgermission zersplittere die Unterstützerkreise für die äußere Mission.[50]

Man wollte deshalb mit Spendenaufrufen in den Kreisen bewußt zurückhaltend sein, in denen auch für die Basler Mission gesammelt wurde. Diese Absicht bedeutete von Anfang an eine beträchtliche Einschränkung, da beide Werke ähnliche Freundes- und Unterstützerkreise hatten, weil sie beide aus der Christentumsgesellschaft erwachsene Gründungen Spittlers waren.

Auf Anregung Spittlers hatte Krapfs Frau einen kleinen Kollekten-Verein gegründet, nachdem sie 1860 von Riehen nach Korntal zurückgekehrt war. Per Unterschrift verpfichtete man sich, wöchentlich einen feststehenden kleinen Beitrag zur Unterstützung der

---

47 Fiedler, Glaubensmissionen, S. 115–120.
48 Fiedler, Glaubensmissionen, ebd.
49 Fiedler, Glaubensmissionen, S. 119.
50 Vgl. Kapitel I.3.b.

Pilgermission zu geben.[51] Nachdem dieser kleine „Halbkreuzer-Verein" sich sehr erfreulich entwickelte,

> faßte Krapf den Plan, den Halbkreuzerverein in weiteren Kreisen durch ganz Württemberg und auch in Baden zu organisieren und zu diesem Zweck einen öffentlichen Aufruf ergehen zu lassen. Dagegen hatte Spittler Bedenken. Krapf ließ sich jedoch nicht irre machen ...[52]

Diese Aktion Krapfs[53] versetzte Spittler und das Komitee der Pilgermission in „einige Verlegenheit", da man befürchtete, durch diese Sammlung würden die Vorwürfe des Basler Missionshauses gegen die Pilgermission neu geschürt.

So sah man sich genötigt, in den Freundeskreisen etwaigen Vorwürfen sehr energisch vorzubeugen. So heißt es im „13. Rundschreiben an die Freunde der Pilger-Mission" von 1861:

> Einer Hülfsquelle, welche sich uns in diesem Jahr unerwartet, ja im Blick auf das so schwer belastete hiesige Missionshaus ganz gegen unsern Willen erschlossen hat, müssen wir besondere Erwähnung thun, um eine Bitte daran zu knüpfen. Es ist der Halbkreuzer-Verein, welchen Frau Dr. Krapf mit einigen andern Freunden in Kornthal in's Leben gerufen hat. Wir können Gaben, welche aus herzlicher Liebe und Theilnahme für ein Werk des HErrn ohne unser Zuthun gesammelt werden, nicht zurückweisen, sondern müssen sie als aus Seiner Hand annehmen; aber wir erinnern mit Nachdruck an das, was Hr. Dr. Krapf in seinem Aufruf zu obiger Kollekte sagte: „daß dadurch der Basler Mission-Kollekte doch durchaus kein Eintrag geschehen solle!" Ja, es würde uns schmerzen und wäre ganz gegen unsern Sinn, wenn die Halbbatzen-Kollekte für das hiesige Missionshaus nur im Mindesten verkürzt würde, und wir bitten unsere Freunde dringend, dessen immer eingedenk zu seyn.[54]

Trotz der mancherlei Bedenken von seiten der Pilgermissionsleitung und auch von seiten anderer Werke[55] ließ sich Krapf in seinem Un-

---

[51] Vorbild zu dieser „Halbkreuzer-Kollekte" war wohl die „Halbbatzenkollekte" der Basler Mission, die Adolf Steinkopf (1773–1859) nach englischen Vorbildern angeregt hatte. Kehnel, „Spittler: Grundzüge seines Engagements", S. 6.

[52] Claus, Dr. Ludwig Krapf, S. 184.

[53] Krapf wurde dabei von dem vor allen in den Kreisen der Hahnschen Gemeinschaften „hochangesehenen" Friedrich Schäffelen aus Besigheim unterstützt. Claus, a.a.O., S. 184f. C.H. Rappard, Pilgermission 1840–1908, S. 114.

[54] 13. Rundschreiben 1861, S. 15.

[55] Claus, a.a.O., S. 185.

ternehmen nicht beirren. Er war der Auffassung, daß das Missionshaus in Basel „durch die paar tausend Franken, welche durch den Halb-Kreuzer-Verein für die Pilger-Mission auf Chrischona gesammelt worden" sind, „gewiß nicht beeinträchtigt werden kann".[56] Im Gegenteil habe sich gezeigt,

> daß an einem Ort, wo man früher die Halb-Batzen-Collekte für die Basler Mission nicht einführen konnte und wollte, diese dann doch eingeführt wurde, nachdem die Halb-Kreuzer-Collekte für die Pilger-Mission in Gang gebracht worden war – denn, sagten die Freunde, wenn wir einen halben Kreuzer wöchentlich für die Pilger-Mission geben, so können wir wohl auch noch zwei Kreuzer für die Basler Mission beitragen.[57]

Ludwig Krapf schloß daraus,

> daß keine Collekte der andern Eintrag thut, und daß im Reiche Gottes wohl Wetteifer aber keine Eifersucht obwaltet, und daß daher auch unter den Leitern der verschiedenen Gesellschaften kein Zank, wohl aber herzlicher Dank wegen der empfangenen Gaben Statt finden soll, und wohl auch zwischen der Pilger-Mission und der großen Basler Missions-Gesellschaft gegenwärtig Statt findet und ferner Statt finden wird.[58]

Die Leitung der Pilgermission nahm die Gaben aus der Halbkreuzer-Kollekte mit großer Dankbarkeit an, beschloß aber, sich nicht an der „Errichtung und Erhaltung und Fortsetzung" dieser Vereine zu beteiligen, sondern diese Arbeit „ganz den Freunden in Korntal zu überlassen".[59]

Von seiten der Leitung der Pilgermission wollte man sich mehr um Unterstützerkreise in England bemühen, da man dort nicht mit derartigen Vorwürfen zu rechnen hatte.[60] Da einige führende Mitglieder der Pilgermission gute Verbindungen nach England besaßen,[61] gewann man dort eine Reihe wohlhabender Freunde für die Pilgermission und für das Projekt „Apostelstraße".[62] Auch Carl Heinrich Rappard konnte seinen Aufenthalt in Schottland nutzen,

---

56 Halbkreuzer 1862, S. 1.
57 Halbkreuzer 1862, S. 1.
58 Halbkreuzer 1862, S. 1.
59 KSPM II, 5. April 1861, S. 4.
60 R. Scheffbuch, Wird künftig beachtet, S. 43.
61 Dies waren vor allem Markus Spittler, Kaplan Schlienz und Ludwig Krapf. Kober, Spittler's Leben, S. 304f. Claus, a.a.O., S. 132. 165.
62 KSPM II, 31. Januar 1863, S. 50. KSPM II, S. 11. August 1865, S. 121. Kober, a.a.O., S. 305.

um in Edinburgh einen Verein zur Unterstützung der Station in Alexandrien zu gründen. Der Verein erfüllte sein Versprechen und steuerte bis zur Aufgabe der St. Matthäus-Station jährlich 80 £ (2000 Franken) für den Erhalt der Station bei.[63]

Um die Unterstützer in England über den Fortgang des Werkes zu informieren und um neue Förderer zu gewinnen, wurden auch zahlreiche Veröffentlichungen der Pilgermission ins Englische übersetzt.[64] Auch wurden, hauptsächlich durch Markus Spittler, spezielle Kollekten-Reisen in England unternommen.[65]

Als die Kosten für die „Apostelstraße" in den Jahren ab 1866 in die Höhe schnellten, wollte man sich dann auch von seiten des Komitees zuerst an die Freunde in England wenden, um weitere Unterstützung zu erhalten.[66]

Die Gaben der Unterstützer-Vereine kamen zwar regelmäßig, waren aber für größere Projekte nicht ausreichend. Um die Arbeit auszubauen, war die Pilgermission deshalb auf die Gaben einzelner wohlhabender Freunde in England angewiesen. So war es für die Finanzlage der Pilgermission nur schwer zu verkraften, als einige dieser Freunde der Pilgermission in England ihre Unterstützung zurückzogen.

Der vermögenden Witwe Hillyard, deren großzügige Spenden Spittler zur Umsetzung seiner Idee von einer „Apostelstraße" ermutigt hatten,[67] waren „mißliebige Berichte über die ... Pilgermission und böswillige Entstellungen einzelner Äußerungen von ausgesandten Chrischonabrüdern" zu Ohren gekommen. Da sie den Eindruck gewonnen hatte, „daß die Anstalt nicht in dem von ihr erwarteten und gewünschten Sinn und Geist geleitet werde", zog sie ihre

---

63 D. Rappard, Carl Heinrich Rappard, S. 58f.

64 KSPM II, 25. Februar 1863, S. 52. KSPM II, 17. April 1863, S. 54.

65 KSPM II, 4. Dezember 1863, S. 87. KSPM II, 8. Januar 1864, S. 88. KSPM II, 29. Januar 1864, S. 90. KSPM II, 26. Februar 1864, S. 91. „Some lines of recommendation, for the Rev. M. Spittler, Secretary of the Pilgrim-Mission at St. Chrischona: To the highly esteemed friends of the Pilgrim-Mission in England and Scotland", 18. Januar 1864, Beilage zu: KSPM II, 8. Januar 1864, Archiv St. Chrischona.

66 KSPM III, 3. Juni 1867, S. 12. Daraufhin wurden noch weitere Schriften ins Englische übersetzt. KSPM III, 15. Juli 1867, S. 14. KSPM III, 15. Oktober 1867, S. 22.

67 Vgl. Kapitel II.1.

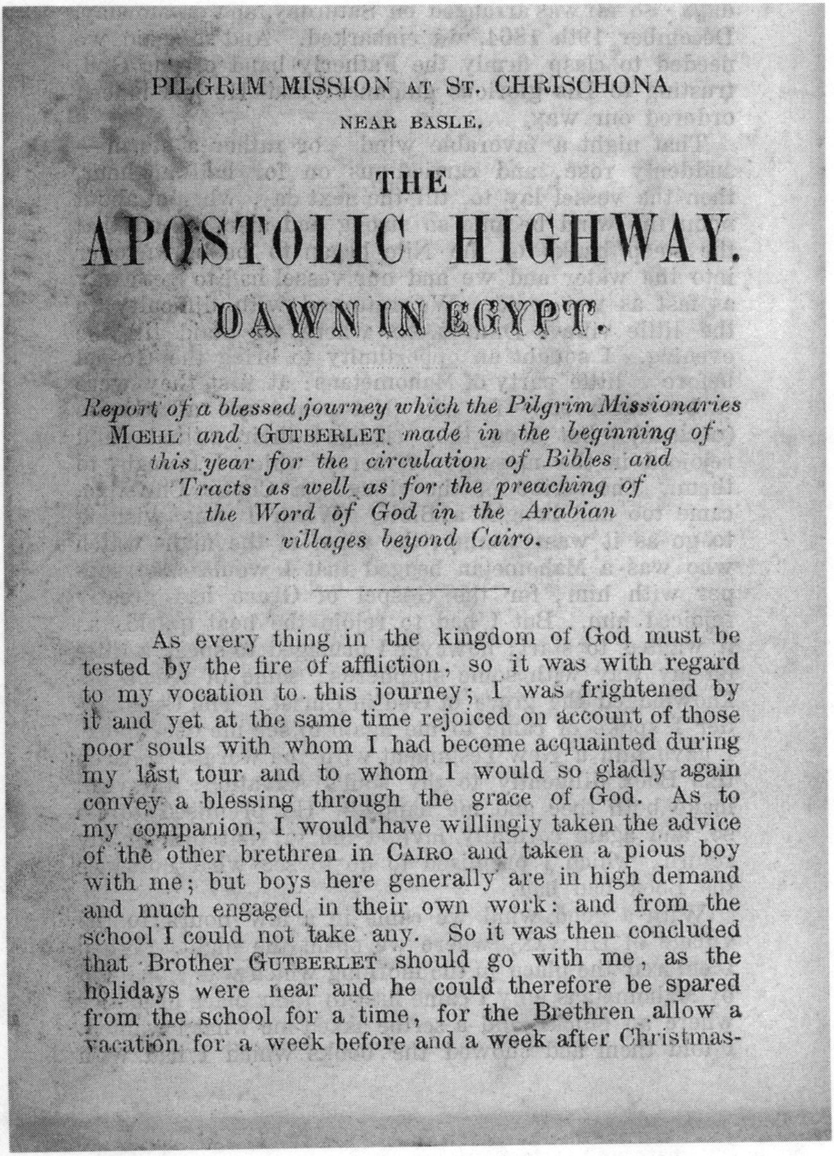

PILGRIM MISSION AT ST. CHRISCHONA

NEAR BASLE.

THE APOSTOLIC HIGHWAY.

DAWN IN EGYPT.

Report of a blessed journey which the Pilgrim Missionaries MŒHL *and* GUTBERLET *made in the beginning of this year for the circulation of Bibles and Tracts as well as for the preaching of the Word of God in the Arabian villages beyond Cairo.*

As every thing in the kingdom of God must be tested by the fire of affliction, so it was with regard to my vocation to this journey; I was frightened by it and yet at the same time rejoiced on account of those poor souls with whom I had become acquainted during my last tour and to whom I would so gladly again convey a blessing through the grace of God. As to my companion, I would have willingly taken the advice of the other brethren in CAIRO and taken a pious boy with me; but boys here generally are in high demand and much engaged in their own work: and from the school I could not take any. So it was then concluded that Brother GUTBERLET should go with me, as the holidays were near and he could therefore be spared from the school for a time, for the Brethren allow a vacation for a week before and a week after Christmas-

Abb. 17: „Dawn in Egypt“: Englische Übersetzung eines Reiseberichtes von David Möhl; 1865 hg. von Ludwig Krapf

versprochenen Unterstützungen wieder zurück.[68] Ebenfalls verhängnisvoll für die finanzielle Situation der „Apostelstraße" war der Rückzug des Engländers Robert Arthington, der der Pilgermission jahrelang „bedeutende Geldgaben" zum Ausbau der „Apostelstraße" hatte zukommen lassen.[69] Arthington hatte kein Verständnis für die enormen Schwierigkeiten auf dem Missionsfeld[70] und wollte deshalb „schnellere Erfolge sehen, als die Apostelstraße bisher aufweisen konnte".[71]

Schon als Zögling auf St. Chrischona hatte Carl Heinrich Rappard das entscheidende Problem der „Apostelstraße" in den „geringen Mitteln" zur Ausführung gesehen.[72] Die entscheidende Bedeutung der Finanzen zeigt auch ein Vergleich mit der Missionsarbeit der amerikanischen Presbyterianer. Sie hatten mit den gleichen äußeren Schwierigkeiten in Ägypten zu kämpfen wie die Pilgermission. Die politische und wirtschaftliche Krise des amerikanischen Bürgerkriegs 1860–1865 bedrohte ihre ebenfalls noch jungen Missionsversuche zudem „fast mit der Aushungerung". Plötzlich und unerwartet aber fanden sie einen „fürstlichen Wohltäter":

> Dalip Singh, der Sohn des abgesetzten Sikhkönigs Randschit Singh. ... Diese Hilfe gerade in der Zeit großer Not setzte die Mission in den Stand, ihre Arbeit weiter auszudehnen.[73]

Somit standen den amerikanischen Presbyterianern in der kritischen Zeit „viel bedeutendere Mittel" zur Verfügung.[74] Kober, der Biograph Spittlers, bedauerte die mangelnde Unterstützung des Projektes „Apostelstraße" aufs äußerste, da er der Überzeugung war,

> daß heute, wo die Verhältnisse des Orients um ein Beträchtliches klarer geworden sind, von Sachverständigen, ja selbst von bedeutenden Politikern die Überzeugung ausgesprochen wird, daß wenn damals Spittler in jenem wirklich großartigen Projekt von seiten der Christenheit Unterstützung gefunden hätte, viel Elend und Not und Opfer an Menschenleben und Geld erspart

---

68 Kober, a.a.O., S. 305.

69 Claus, a.a.O., S. 186.

70 So die Einschätzung Krapfs. Claus, a.a.O., S. 189. Vgl. Kapitel III.3.b.

71 Claus, a.a.O., S. 187.

72 D. Rappard, Carl Heinrich Rappard, S. 70.

73 Richter, Mission im Orient, S. 244.

74 Lüttke, „Koptische Kirche", S. 72.

worden und man wohl in der Christianisierung und Civilisierung Afrikas einen guten Schritt weiter gekommen wäre.[75]

g) Die Krise der Pilgermission in der Heimat

Schließlich ist als eine der Ursachen für die Aufgabe der „Apostelstraße" auch die Krise der Pilgermission nach dem Tode Christian Friedrich Spittlers zu nennen. Nachdem nämlich mit Spittler am 8. Dezember 1867 der Gründer der Pilgermission verstorben war, kam es zu einer „ernsten Erschütterung" für das Werk. Das Komitee beriet am 13. Dezember darüber, ob man die Arbeit nach den bisherigen Grundsätzen fortführen wolle. Die Mehrheit entschied sich dafür, an den bisherigen Grundsätzen festzuhalten. Inspektor Völker bat daraufhin um seine Entlassung, da er eine Änderung für unverzichtbar hielt.[76]

> Er verließ die Anstalt, an welcher er seit Februar 1865 mit Eifer und Selbstverleugnung gearbeitet hatte, am 20. April 1868 ...[77]

Nur sechs Tage nach seiner Abreise von St.Chrischona verstarb mit Kaplan Schlienz eine weitere langjährige Stütze der Pilgermission.[78] Kurze Zeit zuvor hatte der Lehrer Közle eine Anfrage erhalten, in Zofingen als Evangelist zu dienen, der man von seiten der Pilgermissionsleitung zugestimmt hatte. So verließ auch er im August 1868 die Schule auf St. Chrischona. Hausvater Keßler erkrankte im selben Jahr so sehr an „Bluthusten", daß man auch mit seinem Weggang rechnen mußte.[79] Ebenfalls im selben Jahr verstarb die Hausmutter Christiane Preziger, die sechzehn Jahre lang den

---

[75] Kober, a.a.O., S. 112.

[76] KSPM III, 13. Dezember 1867, S. 26.

[77] 20. Rundschreiben 1868, S. 2.

[78] 21 Jahre hatte Schlienz in der Arbeit der Pilgermission gestanden. Bekannt wurde vor allem sein wiederholtes Gebet für die Pilgermission: „Meister, laß dein Werk nicht liegen." 20. Rundschreiben 1868, S. 3. Erich Schick datiert den Tod von Schlienz in seiner Spittler-Biographie irrtümlich erst auf 1886. Schick, Spittler: Gründer und Hirte, S. 42.

[79] 20. Rundschreiben 1868, S. 4f. KSPM III, 1. & 2. Juli 1868, S. 37. KSPM III, 6. September 1868, S. 39.

Haushalt geleitet hatte.[80] Die Pilgermission steckte durch diese Ereignisse „in einer tiefen Krise und schien dem Zusammenbruch nahe“.[81]

Man war sich von seiten der Pilgermissionsleitung bewußt, wenn nicht Gott eingegriffen und dem Werk mit Rev. Robinson aus Basel und Friedrich Keller aus Zofingen für diese Zeit der Krise zwei neue Lehrer geschenkt hätte,[82] würde das Werk „wohl in Trümmer gegangen sein“.[83]

Ludwig Krapf hatte angesichts der tiefgreifenden Umbrüche auf St. Chrischona von einem „gegenwärtigen Übergangs-Stadium des P.M. Werkes“ gesprochen und hielt eine Reorganisation für unverzichtbar.[84] Diese Aufgabe übernahm dann vor allem Carl Heinrich Rappard, der Ende August 1868 als neuer Inspektor nach St. Chrischona kam.[85] Die ersten Jahre seines Inspektorats war er damit beschäftigt, das angeschlagene Werk zu konsolidieren. Dabei war auch eine beträchtliche Schuldenlast zu bewältigen, die sich auf insgesamt 73 500 Franken belief und die zum großen Teil auf die „Apostelstraße“ zurückzuführen war:[86]

> Das Defizit rührt … hauptsächlich von den durch Theuerung erwachsenen großen Ausgaben für die Apostelstraße her, deren äußerste Stationen um der Brüder in Abessinien willen nicht vor deren Befreiung aufgehoben werden konnten; deßhalb dürfen wir hoffen, die lieben Freunde der Pilgermission werden diese Schuld freundlich ansehen und es uns möglich machen, dieselbe nach und nach abzutragen. Es soll uns für die Zukunft heilige Pflicht sein, soweit es bei einem Glaubens- und zumal Missionswerk möglich ist, nur so weit zu gehen, als es die dargebotenen Mittel erlauben.[87]

---

[80] Schmid (Hg.), 150 Jahre Pilgermission, S. 12.

[81] Franz, Mission ohne Grenzen, S. 129.

[82] 20. Rundschreiben 1868, S. 5.

[83] 20. Rundschreiben 1868, S. 2.

[84] KSPM III, 1.& 2.Juli 1868, S. 36.

[85] 20. Rundschreiben 1868, S. 6.

[86] Schmid, 150 Jahre Pilgermission, S. 12. Davon waren 37 000 Franken als Hypotheken auf verschiedenen Liegenschaften von St. Chrischona aufgenommen worden. 20. Rundschreiben 1868, S. 25. KSPM II, [Juni 1863], S. 61.

[87] 20. Rundschreiben 1868, S. 22.

Im Laufe der folgenden Jahre gelang es Rappard tatsächlich, das Werk aus der Krise zu führen.[88] Wenn man sich in den folgenden Jahren auch weiterhin noch in der Außenmission betätigte, so war der Spielraum für größere missionarische Projekte jedoch sehr gering.

2. Die Bewertung des Verlaufes und der Aufhebung des Projektes

Angesichts der großen Schwierigkeiten und angesichts dessen, daß man die „Apostelstraße" nach wenigen Jahren schon wieder aufgeben mußte, scheint es angebracht, die Aufgabe des Projektes „Apostelstraße" als Scheitern zu bezeichnen.[89]

In bezug auf den Hauptzweck der „Apostelstraße" muß diese Einschätzung allerdings hinterfragt werden: Es ging Spittler bei diesem Projekt bekanntlich zuerst darum, eine Verbindung zu der abgelegenen Missionsarbeit in Abessinien zu schaffen.[90] Es kann demnach nicht verwundern, daß nach der Beendigung der Missionsarbeit in Abessinien im Jahre 1868 auch das Projekt „Apostelstraße" schnell an Bedeutung verlor.

Zur Beantwortung der Frage, ob die Aufgabe des Projektes „Apostelstraße" als Scheitern zu bewerten ist, muß demnach zuerst danach gefragt werden, ob die „Apostelstraße" bis zur Aufhebung der Arbeit in Abessinien ihre primäre Aufgabe erfüllt hat, eine Verbindung zur Missionsarbeit in Abessinien herzustellen.

Schon 1863 konnte man im Rückblick auf das Jahr sagen:

> Unsere l. Freunde sehen, daß die Apostelstraße jetzt keine bloß in der Luft schwebende Sache mehr ist. … Der Verkehr mit Abessinien ist bereits um

[88] Bis 1875 konnten auch die beträchtlichen Schulden völlig abgebaut werden. Zwar war man noch mit Hypotheken in Höhe von insgesamt 19000 Franken belastet, dem stand allerdings ein Guthaben von 19168 Franken gegenüber. 27. Jahresbericht 1876, S. 39.

[89] Der Begriff „Scheitern" findet sich in diesem Zusammenhang bei: Veenhof, a.a.O., S. 362. Oestreicher, „Die Welt des Islam", S. 82.

[90] Vgl. Kapitel II.2. und Kapitel IV.1.a.

> ein Bedeutendes erleichtert, was viel zur Selbsterhaltung der Stationen beiträgt.[91]

Dadurch, daß man nun viel schneller Nachrichten von den Brüdern in Abessinien erhalten konnte, war man

> ... auch von der Wichtigkeit und Nothwendigkeit der Apostelstraße aufs Neue überzeugt ..., ohne welche wir noch lange auf authentische Nachrichten über die letzten Vorfälle in Abessinien warten müßten.[92]

Durch den weiteren Ausbau der „Apostelstraße" in den folgenden Jahren konnte man 1865 von einer „regelmäßigen Verbindung" sprechen:

> Was das neuerdings so viel genannte Abessinien angeht, so dürfen wir uns zuerst darüber freuen, daß durch die bisher gegründeten Stationen der Apostelstraße eine regelmäßige Verbindung mit unsern dortigen Brüdern hergestellt ist; sie selber sind auch sehr dankbar hiefür.[93]

Des öfteren reisten Brüder von der Station Matammah nach Abessinien, um mit den Brüdern dort zusammenzutreffen[94] und um Handel zu betreiben.[95] Manchmal schickten die Brüder von Abessinien auch Boten nach Matammah, um für sie Dinge zu erledigen.[96]

Auch nachdem die Chrischonabrüder in Abessinien in Gefangenschaft geraten waren, boten ihnen die Stationen der „Apostelstraße" eine große Hilfe. Es war ihnen mehrmals möglich, Briefe aus der Gefangenschaft nach Matammah zu schmuggeln, von wo aus sie nach Europa weitergeleitet wurden.[97] Nach ihrer Befreiung

---

91 15. Rundschreiben 1863, S. 9.

92 Krapf (Hg.), „Bericht über die neuesten Vorgänge in Abessinien im Jahr 1863 von C.F. Haußmann, Pilgermissionar" (im folgenden zitiert als: Bericht Haußmann), Basel, 1864, Archiv St. Chrischona, S. 3. 23.

93 17. Rundschreiben 1865, 15.

94 Krapf (Hg.), „Schwüle Mittagsluft aus Abessinien ... oder: Br. Eipperle's Bericht über seine Reise von Matammah nach Gaffat in Abessinien" (im folgenden zitiert als: Mittagsluft), Basel, 1. Mai 1866, Archiv St. Chrischona, S. 1f. Krapf (Hg.), „Bericht der Apostelstraßen-Station St. Paulus in Matammah, an der Grenze des nordwestlichen Abessiniens: Erstattet von den Pilger-Missionaren Haußmann und Eipperle", Basel, Juni 1863, Archiv St. Chrischona, S. 19f. Bericht Haußmann, S. 2.

95 15. Rundschreiben 1863, S. 7f.

96 So kam z.B. der Diener von Bruder Waldmaier 3–4 mal pro Jahr nach Matammah. Mittagsluft, S. 7.

97 J. Flad, Ein Leben für Äthiopien, S. 41f.

wurden sie im Frühsommer 1868 zuerst einmal in der Station St. Markus in Kairo aufgenommen.[98]

Angesichts dieser Tatsachen muß festgehalten werden, daß es dem Projekt „Apostelstraße“ tatsächlich gelang, die Verbindung zur Arbeit in Abessinien zu gewährleisten. Spittler hatte also mit seiner Einschätzung Recht behalten, die er schon vor Beginn der Arbeit geäußert hatte:

> daß ... die Zwecke der Spedition, um die es sich zunächst handelt, erreicht werden können, wissen wir aus Erfahrung.[99]

Anderseits waren die Erwartungen, die man mit dem Projekt „Apostelstraße“ verband, erheblich größer, als nur eine Handels- und Nachrichtenverbindung nach Abessinien aufzubauen.[100] Ziel der „Apostelstraße“ sollte es auch sein, den

> ... außerordentlich bevölkerten Landstrich am Nilstrom hinauf durch die Errichtung so vieler Stationen, als eben so vieler Festungen, zu belagern, um ihn für unsern anbetungswürdigen HErrn und König aller Königreiche zu erobern.[101]

Nach den anfänglichen Erfolgen auf der „Apostelstraße“ formulierte man das Ziel sogar noch weiter. So spricht der Titel des 1863 veröffentlichten Programms nicht nur von den „Nilländern“ als Zielgebiet, sondern ausdrücklich auch von „Central-Afrika“.[102] Diese weitergehenden Ziele der „Apostelstraße“ konnten jedoch nicht erreicht werden.

Nach dreijähriger Arbeit auf der „Apostelstraße“ konnte man 1863 noch das vorläufige Resümee ziehen:

> Nehmen wir alles dieß zusammen, so müssen wir sagen: Der Herr hat mehr gethan, als wir je erwarten und erflehen konnten.[103]

Auch im darauffolgenden Jahr hatte man noch den Eindruck, daß „es mit der Apostelstraße einen bedeutenden Schritt vorwärts gegangen ist und gehen soll“.[104]

---

[98] D. Rappard, Lichte Spuren, S. 178. Rudersdorf, Dora Rappard, S. 50.

[99] 11. Rundschreiben 1859, S. 12.

[100] Vgl. Kapitel II.3.

[101] 11. Rundschreiben 1859, S. 12.

[102] Gedrucktes Programm, S. 1.

[103] 15. Rundschreiben 1863, S. 9.

[104] 16. Rundschreiben 1864, S. 11.

Veranlaßt durch den Bericht über die sehr ermutigenden Erfahrungen, die die Brüder Möhl und Gutberlet auf ihrer Kolportagereise oberhalb Kairos Anfang des Jahres 1865 gemacht hatten, hatte man den Eindruck: „daß Er [Gott] unsere Apostelstraßen-Mission in Egypten sichtbar segnet".[105] Man erwartete deshalb für die Zukunft Großes von Gott:

> ...warum soll nicht auch für das Reich Gottes etwas Rechtes gethan werden in dem Land, das mit Kanaan und Assyrien in der Zukunft noch eine große Bestimmung hat? Ist es einem doch beim Durchlesen des ... Berichtes, als ob bereits das erste Wehen des Geistes über Egyptenland sich spüren ließe.[106]

Die Leitung der Pilgermission war entschlossen, „die sichtlich günstige Zeit, so viel an ihr liegt, auszukaufen".[107] Man wollte nicht eher ruhen,

> ... als bis an beiden Ufern des Nils durch ganz Egypten hindurch ... das Wort Gottes schriftlich und mündlich ausgebreitet, und also die Apostelstraße zur Wahrheit geworden ist.[108]

Man war sich aber auch dessen bewußt, daß sich die Situation schnell ändern konnte:

> Wir sehen aus dem Bericht, daß das Feld zur Erndte reif ist, daß aber der Arbeiter wenige sind. Wir müssen wirken, so lange es Tag ist, denn die Erfahrung lehrt, daß der Teufel überall gleich bei der Hand ist, die Thüre zu schließen, welche der HErr in seiner Gnade zur Rettung der Seelen geöffnet hat.[109]

Im Laufe des Jahres 1865 kam es ja dann tatsächlich zu einer grundlegenden Änderung: Durch den Ausbruch der Cholera und die ersten Todesfälle[110] mußte man die „Apostelstraße" am Ende des Jahres 1865 als ein „rechtes Schmerzenskind" bezeichnen.[111]

---

[105] Krapf (Hg.), „Morgenluft aus Egypten" (im folgenden zitiert als: Morgenluft), 1865, Archiv St. Chrischona, S. 1. Ebenfalls vorhanden im: SA Basel, PA 653, E1.

[106] Morgenluft, S. 23f.

[107] Morgenluft, S. 24.

[108] Morgenluft, S. 1.

[109] Morgenluft, S. 23.

[110] Unter den ersten Todesfällen befand sich ausgerechnet auch David Möhl, dessen Bericht über seine Kolportagereise im gleichen Jahr ja noch zu großen Erwartungen Anlaß gegeben hatte. 17. Rundschreiben 1865, S. 12.

[111] 17. Rundschreiben 1865, S. 11.

Die Ankunft weiterer Brüder aus Europa ließ zwar die Hoffnung aufkeimen, daß die zwischenzeitliche Krise überstanden sei und Gott „endlich das bange Warten und Seufzen erhörte". Man mußte aber für die Arbeit der „Apostelstraße" insgesamt doch erkennen, „daß es mit dem Ganzen vielleicht nicht so schnell vorwärts geht, als mancher wünschen möchte".[112]

Da in den folgenden Jahren die Schwierigkeiten immer mehr zunahmen, sah man sich 1868 zu Einschnitten veranlaßt:

> Die gezwungene Aufhebung der Mission in Abessinien, die fehlgeschlagenen Versuche am blauen Nil, das Zurückziehen unsers englischen Freundes Arthington mit seinen Unterstützungen, die Muthlosigkeit mancher Brüder auf den übrigen Stationen, und zu dem die ungeheuren Ausgaben, welche uns in den letzten drei Jahren in namhafte Schulden hineinbrachten, nöthigten die Kommittee, auf der Apostelstraße bis auf ein gewisses Maß zurückzugehen.[113]

So wurden 1868 die Stationen in Matammah und in Esneh aufgegeben. Im gleichen Jahr machte man sich auch Gedanken über eine Schließung der Station in Kairo,[114] kurze Zeit später auch über Khartum,[115] entschied sich aber dafür, diese Stationen noch weiter zu betreiben. Die weitere Entwicklung der „Apostelstraße" betrachtete man als unsicher und legte sie in Gottes Hand:

> Unsere lieben Freunde fühlen mit uns, welch ein Sterben und Abbrechen dieß war auf der Apostelstraße. Wir beugen uns unter die gewaltige Hand Gottes, der gleichwohl unser Erbarmer ist, und mit der Bitte um Vergebung aller Begehungs- und Unterlassungssünden blicken wir auf Jesum, unsern Hohepriester, der einst selbst als Weizenkorn in die Erde fiel und ersterben mußte, um viele Frucht zu bringen. In Seiner Hand liegt es, auf den Charfreitag einen Ostertag folgen zu lassen, den unter Noth und Thränen ausgestreuten Samen fruchtbar zu machen zu seinem Preise und unserer Ermunterung, oder aber diese Apostelstraße ganz aufzuheben. Sein heiliger Wille geschehe.[116]

---

112 17. Rundschreiben 1865, S. 11.

113 20. Rundschreiben 1868, S. 14f. Zur Mutlosigkeit mancher Brüder auf der Apostelstraße: Vgl. Bauder [an Kaplan Schlienz], Alexandrien, 1. Februar 1868, SA Basel, PA 653, E1.

114 KSPM III, 6. September 1868, S. 38.

115 21. Jahresbericht 1869, S. 20.

116 20. Rundschreiben 1868, S. 16f.

Man hielt aber daran fest, „daß diese auf die Verheißung gegründete, mit viel Gebet und Liebe begonnene Glaubensarbeit ihre schöne Zukunft hat".[117]

Nach den „großen Veränderungen" im Jahre 1868 folgte ab 1869 für die verbliebenen Stationen der „Apostelstraße" eine „stillere Zeit".[118] Da es in der Arbeit nicht mehr zu einem entscheidenden Fortschritt kam,[119] hatten die Brüder zum Teil mit Entmutigung zu kämpfen. So schrieb Bruder Bauder aus Alexandrien:

> Der Boden ist hier ein rauher, von Unkraut überwucherter, den verderbenden Einflüssen so sehr ausgesetzt, daß die Hoffnung auf gutes Gedeihen nur gering ist. Ja, könnte ich der Barmherzigkeit Gottes nicht Wunder zutrauen, so müßte ich verzagen.[120]

Man versuchte, die Brüder zu trösten, indem man ihnen vor Augen stellte, daß auch das reine Aussäen des Wortes Gottes zu seiner Zeit Frucht tragen werde:

> Fahren sie nur fort, die Krüge mit Wasser zu füllen; der HErr wird seiner Zeit schon Wein für die Hochzeit des Lammes daraus machen. Wir müssen erst säen und nicht gleich mit dem Erntewagen holen wollen.[121]

Im Gegensatz zu den großen heilsgeschichtlichen Erwartungen, die man noch in den ersten Jahren mit dem Projekt „Apostelstraße" verbunden hatte,[122] war man inzwischen zu der Annahme gekommen:

---

[117] Anlaß zu dieser Erwartung waren vor allem die einheimischen Afrikaner aus verschiedenen Stämmen, die man zur Erziehung und Ausbildung nach Jerusalem und St. Chrischona gesandt hatte. Sie sollten später einmal das Evangelium zu ihren Landsleuten bringen. 20. Rundschreiben 1868, S. 16f.

[118] 21. Jahresbericht 1869, S. 20.

[119] Deshalb wird in einigen Schriften das eigentliche Ende der Apostelstraße schon auf das Jahr 1868 angesetzt. Gundert, Evangelische Mission, S. 235. Staehelin, a.a.O., S. 23. 623.

[120] 22. Jahresbericht 1870, S. 24.

[121] 22. Jahresbericht 1870, S. 24.

[122] In dem veröffentlichten Programm der „Apostelstraße" von 1863 hatte man den Freunden des Werkes das Projekt empfohlen, „... damit bald vollkommen erfüllt werde das prophetische Wort Davids: ‚Die Fürsten aus Egypten werden kommen, Mohrenland wird seine Hände ausstrecken zu Gott' (Psalm 68,32)". Gedrucktes Programm, S. 4.

> Die Zeit, da der Altar des HErrn mitten in Egyptenland sein (Jes. 19,19) und da Mohrenland seine Hände ausstrecken wird zum HErrn (Ps. 67,32), scheint noch nicht gekommen zu sein.[123]

Trotz dieser Einschätzung arbeiteten die Brüder noch einige Jahre weiter. Immer wieder war ihnen in Anfechtungen[124] der Gedanke ein Trost, daß die bisherige Arbeit eine „Thränensaat“ sei, auf die Gott doch einmal eine „Freudenernte“ schenken werde.[125] So konnte man z.B. auch noch Ende 1874, nachdem Ehepaar Bauder aus Alexandrien zurückgekehrt war und damit die Aufgabe der letzten Station unmittelbar bevorstand, sagen:

> Wir ... zweifeln nicht daran, daß das, was er dort im Glauben gewirkt hat, auch seine Früchte bringen wird.[126]

Was die weitergehende Zielsetzung der „Apostelstraße“ anging, die Länder entlang des Nil mit dem Evangelium zu durchdringen, konnte das Projekt in den wenigen Jahren seines Bestehens nicht einmal ansatzweise die großen Erwartungen erfüllen, die man in es gesetzt hatte.[127]

Kann man das Projekt „Apostelstraße“, was seinen primären und urspünglichen Zweck angeht, durchaus als gelungen bezeichnen, so muß man in bezug auf die weitergehenden Erwartungen jedoch von einem klaren Scheitern reden.

---

[123] 22. Jahresbericht 1870, S. 22.

[124] 24. Jahresbericht 1872, S. 17.

[125] 22. Jahresbericht 1870, S. 23. Zum erstenmal findet sich diese Ausdrucksweise in Bezug auf die Schwierigkeiten in Abessinien im 16. Rundschreiben 1864: „Alles, was bisher in Abessinien, Nubien und Egypten geschehen ist, gehört zum Wegbereiten, zur Thränensaat auf Hoffnung; arbeiten wir treulich fort im Glauben und in der Liebe, so wird die Freudenernte nicht ausbleiben.“ 16. Rundschreiben 1864, S. 13.

[126] 26. Jahresbericht 1874, S. 25.

[127] Vgl. Kapitel III.

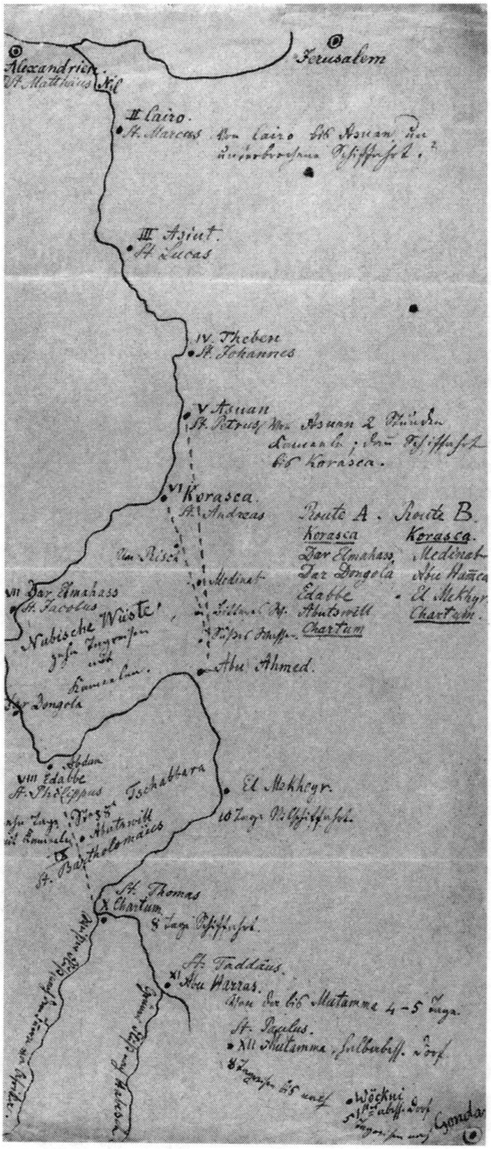

Abb. 18: Kartenskizze der Apostelstraße – deutsch

V. Die Auswirkungen des Projektes „Apostelstraße“

1. Direkte Auswirkungen in Ägypten und Abessinien

Die direkten Früchte der Missionsbemühungen im Rahmen der „Apostelstraße“ waren nur gering:

> Der Erfolg dieser Arbeit war aber leider nur ein sehr geringer; unter den Mohammedanern wurde sozusagen gar nichts erreicht ... Unter den Kopten wurden zwar hie und da Früchte wahrgenommen, aber sie waren zu unbedeutend, als daß sich eine Fortsetzung der Arbeit auf die Dauer hätte lohnen können.[1]

Als eine Auswirkung der „Apostelstraße“ darf gelten, daß durch die Herstellung einer Verkehrsverbindung und die Durchführung von Karawanenreisen nach Abessinien[2] die Verbreitung von Bibeln in amharischer Sprache stark gefördert wurde. Nach den Worten Friedrich Heyers stellt die

> ... Einführung des amharischen Übersetzungstextes (unter Auslassung der im Protestantismus für apokryph angesehenen Bücher) ... eine bleibende Einwirkung von St. Chrischona in Äthiopien dar.[3]

Eine weitere dauerhafte Auswirkung der Arbeit der Chrischonabrüder in Ägypten ist die Arbeit der „Deutschen Evangelischen Gemeinde in Kairo“. Ab 1858 waren die Deutschen in Kairo gelegentlich von dem Prediger der Deutschen Gemeinde in Alexandrien besucht worden. Eine intensivere Betreuung der Deutschen in der Stadt begann aber erst durch die Missionare der „Apostelstraße“:

> Ab 1861 nahmen sich ihrer auch die Missionare der neueröffneten Station „St. Markus“ der schweizerischen Chrischona-Mission an; sie stellten ihren Missionsbetsaal für Zusammenkünfte zur Verfügung und hielten zwischen den Besuchen des deutschen Pfarrers selbst Gottesdienste ab.[4]

---

1 Lüttke, „Koptische Kirche“, S. 72.

2 15. Rundschreiben 1863, S. 9.

3 Heyer, „St. Chrischona in Äthiopien“, S. 137.

4 Vorstand der Deutschen Evangelischen Gemeinde in Kairo (Hg.), 100 Jahre Deutsche Evangelische Gemeinde in Kairo: 1864–1964.

Diese regelmäßige Betreuung ermöglichte es, daß sich die Deutschen in der Stadt am 28. Februar 1864 zu einer Gemeinde zusammenschlossen.[5] Zunächst galt man als Filialgemeinde von Alexandrien.

> Die regelmässige seelsorgerliche Betreuung wurde durch einen Chrischona-Missionar wahrgenommen.[6]

Von November 1868 bis März 1872 betreute der Pilgermissionar Stamm die Gemeinde, „der für seine Aufgaben in Kairo von dem englisch-preussischen Bischof Gobat in Jerusalem ordiniert wurde".[7]

> Da die Gemeinde mit ihm nunmehr einen eigenen hauptamtlichen Seelsorger hatte und gleichzeitig der Pfarrer in Alexandrien wegen seiner dort anwachsenden Aufgaben immer seltener zu Besuchen nach Kairo kommen konnte, führte die Entwicklung zu einer stetig wachsenden Selbständigkeit.[8]

Die größerwerdende Selbständigkeit drückte sich ab 1869 auch im Bau einer eigenen Kirche aus. Als die Pilgermission im Jahre 1872 die Station St. Markus aus finanziellen Erwägungen aufgeben mußte, konnte die „Deutsche Evangelische Gemeinde in Kairo" in die Selbständigkeit entlassen werden: Noch im selben Jahr wurde der Kirchenbau abgeschlossen. Mit Dr. Arno Trautvetter bekam die Gemeinde einen eigenen Pfarrer und in

> ... einer Generalversammlung am 17.11.1872 gab sich die Gemeinde neue Satzungen, mit denen sie von nun an selbständig und von der Gemeinde in Alexandrien unabhängig wurde.[9]

---

5 Nach Einschätzung von Moritz Lüttke konnte die Deutsche Gemeinde in Kairo nur durch die „ihr gewährte Anlehnung an die Missionstation" überhaupt existieren: „... abgesehen davon, daß der Missionar den regelmässigen Gottesdienst und die Seelsorge versah, war ihr damit auch eine sehr bedeutende materielle Stütze geboten: der Unterhalt des Missionars wurde der Hauptsache nach von der Missionsgesellschaft bestritten, das gottesdienstliche Local befand sich im Missionshause, und die Gemeinde hatte nur ihrerseits ... eine gewisse nicht bedeutende Summe jährlich an die Missionsgesellschaft zu entrichten". Lüttke, Aegyptens Neue Zeit, S. 424–425.

6 Vorstand der Deutschen Evangelischen Gemeinde in Kairo (Hg.), 100 Jahre Deutsche Evangelische Gemeinde in Kairo: 1864–1964.

7 Ebd.

8 Ebd.

9 Ebd.

Bis heute nimmt die „Deutsche Evangelische Gemeinde in Kairo" immer noch ihren Auftrag an den Deutschsprechenden in Kairo wahr.[10]

2. Die Missionsarbeit des Pastors Witteveen von Ermelo

Carl Heinrich Rappard verweilte vor seiner Ausreise nach Alexandrien im Juni 1865 für einige Tage in Holland. In Ermelo hatte sich um den Pastor Hermanus Willem Witteveen[11] eine lebendige Missionsgemeinde („Zendingsgemeente") gesammelt, nachdem er aufgrund seiner erwecklichen Predigtweise aus der Reformierten Kirche („Hervormde Kerk") vertrieben worden war.[12] Rappard verspürte in diesen Tagen in Ermelo eine tiefe innere Verbundenheit:

> Mir ist sehr wohl in Ermelo. Ich liebe Domine Witteveen, und er liebt mich.[13]

Besonders freute es Rappard, als er erfuhr, daß einige der jungen Brüder aus Ermelo wie er selbst nach Afrika in die Mission gingen.[14] Julius Richter berichtet darüber:

> Ähnlichen Plänen [wie die Apostelstraße] entsprang das Missionsunternehmen des holländischen Pastors Witteween in Ermelo. Er sandte 1865 zwei leider unerfahrene und mangelhaft vorgebildete junge Leute aus, damit sie durch Ägypten in die heidnischen oberen Nilländer vordringen und dort eine Mission begründen sollten.[15]

Weiter wird berichtet, daß einer der beiden bei diesem Unternehmen ums Leben gekommen sei, der andere sei entmutigt nach Holland zurückgekehrt.[16]

---

10 Begegnung: Mitteilungen der deutschsprachigen christlichen Gemeinden in Kairo, April und Mai 1997.

11 Zu Hermanus Willem Witteveen (1815–1884): de Groot, Witteveen. Brandl, „Geschichte der Neukirchener Mission", S. 117–126.

12 D. Rappard, Carl Heinrich Rappard, S. 62.

13 D. Rappard, Carl Heinrich Rappard, S. 64.

14 D. Rappard, Carl Heinrich Rappard, S. 64.

15 Richter, Mission im Orient, S. 249.

16 Richter, Mission im Orient, S. 249. Lüttke, „Koptische Kirche", S. 72.

In den Unterlagen der Pilgermission aus dieser Zeit ist davon die Rede, daß 1865 die Brüder Adrian und Jakob Mooij aus Ermelo in Holland in die Arbeit der Pilgermission eintraten.[17] Es handelt sich dabei wohl um die beiden von Julius Richter genannten Brüder.

> Witteveen wurde von ihm [Spittler] direkt um Mithilfe gebeten, und er stellte zwei seiner Missionskandidaten zur Verfügung, die Brüder Adrianus und Jakob Mooij. Sie wurden 1865 ausgesandt und reisten nach St. Chrischona in die Schweiz, um Deutsch zu lernen und von dort nach Kairo in Ägypten weiterzureisen. Nach einem Jahr Aufenthalt und Arabischstudium auf der Chrischonastation St. Markus in Kairo reisten sie mit weiteren Chrischonamissionaren den Nil hinauf.[18]

Nach den Unterlagen der Pilgermission waren beide dann 1867 an dem Projekt der „Prophetenstraße" beteiligt:

> Sodann sind außer ihnen [den vier für die Prophetenstraße bestimmten Chrischonabrüdern] noch die 2 Brüder Mooy aus der Anstalt Ermelo (Holland), welche in freundschaftlicher Verbindg [sic!] mit uns stehen, für genannte Mission bestimmt. Alle 6 Brüder stehen unter der Leitung der Pilger-Mission.[19]

Ferner wird in den Unterlagen der Pilgermission über das Schicksal dieser beiden Brüder berichtet:

> Die l. Br. Treiber, Adrian und Jakob Mooj kamen bis Fazogli, an die Grenze der egyptischen Herrschaft ... Alle drei Brüder wurden aber vom Fieber heftig ergriffen, und der ... Br. Jakob Mooj wurde schon nach einigen Tagen ein Opfer dieses Klimas. Die Andern waren so geschwächt und trostlos, daß sie beschloßen, die Rückreise anzutreten ...[20]

Adrian Mooij kehrte daraufhin nach Holland zurück.[21] Doch damit war die Verbindung zwischen Ermelo und St. Chrischona nicht beendet. Als Pastor Witteveen mit dem Missionar Gerrit Nijland im Jahre 1870 einen neuen Versuch in Ägypten unternehmen wollte, suchte er erneut die Zusammenarbeit mit der Pilgermisison:[22]

---

[17] C.H. Rappard, Pilgermission 1840–1908, S. 271.

[18] Brandl, a.a.O., S. 124.

[19] KSPM III, 4. März 1867, S. 3f.

[20] 20. Rundschreiben 1868, S. 14.

[21] C.H. Rappard, a.a.O., S. 271.

[22] Nijland hielt sich vor seiner Ausreise auch für kurze Zeit auf St. Chrischona auf. Brandl, a.a.O., S. 148.

Dieser [Missionar Nijland], vorsichtig gemacht durch das Schicksal seiner Vorgänger, blieb zunächst in Kairo und zwar als Gast der damals noch bestehenden Chrischonastation, acclimatisirte sich, machte sich mit Sprache und Sitte des Landes bekannt ...[23]

Das Ergebnis der intensiven Vorbereitungszeit Nijlands war,

daß er alle hochfliegenden Missionspläne fahren ließ und sich bescheiden in Kaliub unterhalb Kairo an der Gabelung des Nildeltas niederließ und dort unter Kopten und Mohammedanern zu wirken begann.[24]

Über die ganze Zeit ihres Bestehens behielt diese Arbeit einen sehr bescheidenen Charakter. Im Lauf der Jahre konnte die Arbeit aber langsam und beständig ausgedehnt werden. Unter der Leitung Nijlands und – nach dessen Ausscheiden aus der Arbeit – unter Missionar J.H. Spillenaar, entstanden ein Waisenhaus und einige Dorfschulen, auch konnten mehrere Kolporteure für Schriftenverbreitung angestellt werden.[25] Die Missionare standen bei allen Muslimen und Kopten „in der allerhöchsten Achtung".[26] Die Geldmittel für die Arbeit besorgte später die 1886 gegründete „Vereeniging tot Uitbreiding van het Evangelie in Egypte".[27]

Aufgrund der engen Verbindungen in den ersten Jahren der Missionsarbeit des Pastors Witteveen mit dem Projekt „Apostelstraße" heißt es in der Allgemeinen Missionszeitschrift von 1880 zu recht:

In gewissem Sinne eine Nachfolgerin der Chrischona-Mission ist die holländische Mission des Pastor Witteveen in Ermelo geworden ...[28]

---

23 Lüttke, „Koptische Kirche", S. 72f.
24 Richter, Mission im Orient, S. 249.
25 Richter, Mission im Orient, S. 249.
26 Lüttke, „Koptische Kirche", S. 73. Eine Zeitlang standen auch Neukirchener Missionare in Kaliub in der Arbeit Spillenaars. Brandl, a.a.O., S. 148–151.
27 Richter, Mission im Orient, S. 250.
28 Lüttke, „Koptische Kirche", S. 72.

3. Die Anknüpfung an die „Apostelstraße" durch die Sudan-Pionier-Mission

Während eines Aufenthaltes in Assuan entstand im Januar 1900 bei Karl Kumm[29], damals noch Missionar der Nord-Afrika-Mission, die Idee für eine eigene Sudan-Pionier-Mission (SPM).[30] Von Assuan aus hoffte er, in das Innere Afrikas vordringen zu können. Um dieses Vorhaben zu verwirklichen, versuchte er im Verlauf des Jahres 1900 in Deutschland und in der Schweiz in den Kreisen der Gemeinschaftsbewegung Unterstützung für diese Mission zu finden.[31] Bereits im Mai 1900 war Karl Kumm deswegen zusammen mit seiner Frau und seinem Schwiegervater, Grattan Guinness, für „einen längeren Aufenthalt" auf St. Chrischona.[32] Er war der Ansicht,

> die P[ilger].M[ission]., welche seiner Zeit die Apostelstraße ins Werk gesetzt habe, sei nun vornehmlich berufen, in die offenen Thüren des Sudans einzugehen, wo noch Millionen von Heiden u. Muhammedanern ohne Missionare seien.[33]

Das Interesse auf St. Chrischona für diese neue Mission war „sehr rege", und es wurde „viel dafür gebetet".[34]

> Aller Brüder bemächtigte sich eine wahre Begeisterung für diese Gedanken, und als in einem Vortrag Direktor Dr. Grattan Guinneß fragte: ‚Wer ist bereit, sofern er den Ruf des Herrn zur Arbeit in diesen Ländern vernimmt, hinauszugehen und dort dem Herrn zu dienen?' und zugleich bat, die Zustimmenden möchten sich erheben, da standen alle wie ein Mann auf, sogar der greise, liebe Herr Inspektor Rappard, der in jungen Jahren einst in Kairo an der dortigen deutschen Gemeinde gewirkt hatte.[35]

Einige Brüder auf St. Chrischona gründeten daraufhin einen Gebetskreis für den Sudan[36] und beschäftigten sich ernsthaft mit dem

---

29 Zu Karl Kumm (1874–1938): Spartalis, Karl Kumm.
30 Spartalis, a.a.O., S. 14. 17.
31 Richter, Mission im Orient, S. 250.
32 KSPM IV, 19. Juni 1900, Punkt V.
33 KSPM IV, 18. Mai 1900, Punkt IV.
34 KSPM IV, 19. Juni 1900, Punkt V.
35 Blum-Ernst (Hg.), Zimmerlin, S. 14f.
36 Blum-Ernst, a.a.O., S. 15.

Abb. 19: Der junge Karl Kumm (1874–1938)

Gedanken, in die Arbeit dieser neuen Mission einzutreten.[37] Auch das Komitee der Pilgermission betrachtete die eventuelle „Wiederaufnahme von Seiten der P.M. der seit den 60er Jahren unterbrochenen Arbeit der Apostelstraße“ als eine „wichtige Frage“:[38]

> Diese Sache ist dem Comite … bemerkenswerth u. wichtig, u. wir sind bereit hinzugehen, wohin der Herr der Ernte uns sendet.[39]

Man stellte sich ernsthaft die Frage,

> … ob diese so unerwartet an uns gekommene Anregung nicht ein Wink vom Herrn sei, daß Chrischona, bei Assuan anfangend, dem Nil entlang aufwärts etwas unternehmen könnte.[40]

Von Anfang an gab es aber auch ernste Bedenken gegen eine Mitarbeit in der neu gegründeten Mission. Zum einen hatte man Vorbehalte gegenüber der Person des damals erst 25jährigen Karl Kumm:

> Einige Mitglieder des Comites haben Hn. Kumm gehört u. sind nicht überzeugt, daß er jetzt schon competent sei, eine solche Arbeit zu leiten.[41]

Zum anderen waren einige der Ansicht, „daß die Zeit für die Evangelisation der Muhamedaner noch nicht gekommen sei“:[42]

> Es ist dem Comite auch noch nicht klar, daß, wenn auch geographisch der Weg nach Chartum geöffnet ist, auch der Weg in die Herzen der Moslems geöffnet sei.[43]

Es wurde daraufhin am 17. Juli im Komitee folgender Beschluß bezüglich der SPM gefaßt:

> Aus der diesjährigen ersten Klasse soll noch kein Bruder nach Assuan geschickt werden … Die Pilgermission steht aber für dieses Feld dem Herrn zur Verfügung und will auf seine Winke merken. Das Comite wird mit Interesse die Entwicklung der von Herrn Kumm-Guinneß in Assuan begonnenen Sudan Pionier Mission verfolgen.[44]

---

37 KSPM IV, 18. Mai 1900, Punkt IV.
38 KSPM IV, 19. Juni 1900, Punkt V.
39 KSPM IV, 18. Mai 1900, Punkt IV.
40 KSPM IV, 19. Juni 1900, Punkt V.
41 KSPM IV, 18. Mai 1900, Punkt IV.
42 KSPM IV, 19. Juni 1900, Punkt V.
43 KSPM IV, 17. Juli 1900, Punkt III.
44 Aus der ersten Klasse hatten sich vier Brüder für diesen Dienst gemeldet. Man hielt es aber für besser, sie zuerst Erfahrungen in der „inneren Missi-

Auch den Vorschlag lehnte man ab, daß sich die SPM und die ebenfalls neu gegründete Deutsche Orient-Mission des Johannes Lepsius[45]

> ... in Chrischona vereinigen, u. daß Lepsius der Professor würde für die auf Chrischona auszubildenden Missionare unter den Muhamedanern.[46]

Man hatte von seiten des Komitees theologische Vorbehalte gegenüber Johannes Lepsius, da er geäußert hatte, „es müsse für die Bekehrung der Muhamedaner nach einer besondern Theologie gehandelt werden ... “[47]

Mit den Vorbehalten gegenüber der Person Karl Kumms stand die Leitung der Pilgermission nicht allein da.[48] Auch innerhalb der SPM

> kam es zu Differenzen zwischen Kumm und dem Vorstand der Mission. Der erhoffte Weg in den Sudan hatte sich verschlossen. Während Kumm in Umkehrung der Strategie nun am Niger beginnen wollte, ging es dem Vorstand um die Festigung der Arbeit in Assuan und nilaufwärts. So kam es im Herbst 1902 zur Trennung ...[49]

Im April 1903 wandte sich der Vorsitzende der SPM, Pfarrer Ziemendorff, erneut an die Pilgermission. Er fragte an,

---

on“ sammeln zu lassen. KSPM IV, 17. Juli 1900, Punkt III. In seiner abwartenden Haltung fühlte sich das Komitee dann auch bestätigt, als ihm einiges zu Ohren kam, „über Hn. Miss. Kumm, das Bedenken verursachen könnte“. Worum es sich dabei im einzelnen handelte, ist aus den Sitzungsunterlagen des Komitees allerdings nicht zu entnehmen. KSPM IV, 16. Oktober 1900, Punkt III.

45 Zu Johannes Lepsius (1858–1926) und der Deutschen Orient-Mission: Schäfer, Geschichte der Deutschen Orient-Mission. Deetjen, „Johannes Lepsius“.

46 KSPM IV, 19. Juni 1900, Punkt V. Den Hinweis auf diese Idee verdankt der Autor: Franz, Mission ohne Grenzen, S. 127f. Berichtigt werden müssen die Sitzungsdaten, die Franz hier als Beleg für diese Zusammenhänge angibt: 17. (statt 19.) Juli und 20. (statt 10.) November.

47 KSPM IV, 19. Juni 1900, Punkt V.

48 Vgl. die Kritik Gustav Warnecks in: Warneck, „Die neuen deutschen Missionsunternehmungen“, S. 184f. Diese Informationen zur Geschichte der SPM verdankt der Autor Christof Sauer, der z.Zt. an einer Dissertation über die Sudan-Pionier-Mission 1900–1939 arbeitet.

49 Sauer, „Deutsche Zusammenfassung“, von: Spartalis, a.a.O., S. 110. Zum weiteren missionsgründenden Wirken von Karl Kumm: Spartalis, a.a.O.

... ob Inspector Rappard als Mitglied in den Vorstand dieser treten könnte, wodurch allerdings ... eine Verbindung zwischen der Sudan-Pionier-Mission u. der P.M. eingeleitet würde.[50]

Das Komitee lehnte diesen Vorschlag ab, „da Insp. Rappard nicht mehr aufgeladen werden dürfe, als er schon hat".[51] Der zweiten Bitte Ziemendorffs, „ob die P.M. bereit wäre dem Vorstand der Sudan Pionier Mission Brüder abzugeben", wollte man dagegen von seiten des Komitees nachkommen.[52]

Damit erklärte sich die Leitung der Pilgermission einverstanden, die Arbeit der SPM in Ägypten zu unterstützen. Eine erneute Übernahme von Verantwortung für die Arbeit in Ägypten lehnte man durch diese Beschlüsse aber ab und übergab somit praktisch das „Erbe" der Apostelstraße in die Hände der SPM.

Den Beschlüssen des Komitees gemäß traten in der Folgezeit Jakob Enderlin[53] und der Chrischona-Lehrer Leopold Zimmerlin[54] in den Dienst der SPM.[55] Von seiten der Pilgermission betrachtete man die Arbeit dieser Brüder in gewissem Sinne durchaus als eine Weiterführung der eigenen Unternehmungen im Zusammenhang mit der „Apostelstraße". So begleitete die Brüder der Wunsch:

Möchte aus der Tränensaat der vorangegangenen Brüder den jungen Arbeitern eine Freudenernte erwachsen.[56]

Tatsächlich wurden die beiden Chrischonabrüder zu neuen Hoffnungsträgern für die durch den Weggang Kumms angeschlagene Sudan-Pionier-Mission. Jakob Enderlin, der von 1904 bis 1939 für die SPM in Ägypten arbeitete,[57] „wurde ein ‚gottbegnadeter Sendbote und unermüdlicher Pionier der Sudan-Pionier-Mission'".[58]

---

[50] KSPM IV, 21. April 1903, Punkt VIII.

[51] KSPM IV, 21. April 1903, Punkt VIII.

[52] KSPM IV, 21. April 1903, Punkt VIII.

[53] KSPM IV, 21. April 1903, Punkt VIII. Zu Jakob Enderlin: Unruh, Enderlin: Bahnbrecher der Sudan-Pionier-Mission.

[54] KSPM IV, 17. November 1903, Punkt V. Zu Leopold Zimmerlin (1877–1951): Blum-Ernst, a.a.O.

[55] von Dessien, Wasser auf dürres Land, S. 15.

[56] D. Rappard, Carl Heinrich Rappard, S. 114.

[57] von Dessien, a.a.O., S. 105. Von 1914–1924 gab es allerdings eine kriegsbedingte Unterbrechung der Arbeit in Ägypten.

[58] von Dessien, a.a.O., S. 14.

Leopold Zimmerlin konnte aus gesundheitlichen Gründen nur wenige Jahre im Orient arbeiten, war aber

> Über 50 Jahre ... mit der Schweizer Evangelischen Mohammedaner-Mission, die aus der Sudan-Pionier-Mission hervorging, aufs innigste verbunden, zuerst als deren Mitbegründer und Mitarbeiter und später als Mitglied und Aktuar des Zentralkomitees.[59]

Die SPM blieb in den folgenden Jahrzehnten ihrem Auftrag treu und arbeitete unter wechselndem Namen entlang des Nil in Diakonie und Evangelisation, besonders unter den Nubiern. In den vergangenen Jahren hat sie ihre Arbeit auch auf andere Bereiche ausgedehnt und trägt seit 1990 den Namen „Evangeliumsgemeinschaft Mittlerer Osten" (EMO). Immer noch aber sieht sie ihren Schwerpunkt in der Arbeit entlang des Nil,[60] wobei sie auch bis heute an die Strategie der „Apostelstraße" anknüpft.[61] So enthält das Strategiepapier der EMO vom 3. April 1993 den Vorschlag, entlang des Nil noch mehr „Stützpunkte für das Zeugnis unter den einheimischen Muslimen zu schaffen".

> Hinter diesem Passus in unserem Strategiepapier steht das Konzept der Apostelstraße, jedenfalls für einen bestimmten Abschnitt.[62]

4. Die Aufnahme der „Kettenidee" bei den Glaubensmissionen in Afrika

Ludwig Krapf behielt mit seiner Voraussage in bezug auf die Kettenidee recht:

> Der Gedanke an eine Missionskette wird von späteren Generationen wieder aufgenommen und ausgeführt werden; denn ein Gedanke wird immer Jahrzehnte lang gehegt, ehe er zur That wird.[63]

---

[59] Blum-Ernst, a.a.O., S. 30.

[60] Ab dem etwa einhundert Kilometer nördlich von Assuan gelegenen Darau nilaufwärts.

[61] Fiedler, Glaubensmissionen, S. 109.

[62] Eberhard Troeger an Andreas Baumann, 24. September 1996, Brief im Besitz des Autors.

[63] „Dr. Krapfs Missionslaufbahn", übers. und hg. von Gustav Warneck, S. 299.

Klaus Fiedler weist in seiner Dissertation über die Geschichte der Glaubensmissionen darauf hin, daß die Glaubensmissionen in Afrika „die auf Christian Friedrich Spittler ... zurückgehende ‚Kettenidee'" benutzten, um das riesige Gebiet Innerafrikas zugänglich zu machen.[64]

Peter Cameron Scott hatte bei der Gründung der Afrika-Inland-Mission (AIM) im Jahr 1895 die Vision einer Kette von Missionsstationen von Mombasa aus bis zum Tschad.[65] Das war in gewissem Sinn eine abgewandelte Form der Vision einer Missionskette, wie Krapf sie durch ganz Zentralafrika geplant hatte.[66] Die praktische Umsetzung der Kettenidee erwies sich allerdings als problematisch,

> weil kulturelle, sprachliche, logistische und politische Überlegungen die Anlage von Stationen bestimmen mußten, nicht die abstrakte Idee einer „Kette".[67]

Auch bei der von Karl Kumm nach seiner Trennung von der SPM 1904 initiierten „Sudan United Mission" (SUM) spielte die Kettenidee eine entscheidende Rolle: Kumm wollte vom Niger aus eine Kette bis zum Nil aufbauen. Da die verschiedenen nationalen Zweige der SUM in den ihnen zugewiesenen Gebieten relativ selbständig arbeiteten, kam es allerdings nicht zur Verwirklichung einer echten Kette von Missionsstationen.

> Aber als treibende Vision hat sich die Kettenidee für beide Missionen [AIM und SUM] von enormer Bedeutung erwiesen.[68]

Auch für die Strategie der 1887 gegründeten „Christian and Missionary Alliance" (CMA)[69] war die Kettenidee von entscheidender Wichtigkeit. In Westafrika baute die CMA eine Kette von der

---

64 Fiedler, Glaubensmissionen, S. 107. Auf einer Karte gibt Fiedler einen Überblick über „die Kettenidee in der Strategie der frühen Glaubensmissionen". Fiedler, Glaubensmissionen, S. 108.

65 Tucker, Missionsgeschichte in Biographien, S. 317. Fiedler, Glaubensmissionen, S. 109.

66 Vgl. Kapitel I.2.

67 Fiedler, Glaubensmissionen, S. 109.

68 Fiedler, Glaubensmissionen, S. 112.

69 Im Jahre 1887 wurde auf Anregung A.B. Simpsons die „Christian Alliance" gegründet, aus der sich bis 1897 die „Christian and Missionary Alliance" entwickelte. Tucker, a.a.O., S. 308f.

Westküste (Sierra Leone) bis nach Timbuktu auf.[70] Später plante man auch eine Kette von der Kongomündung bis zum Tanganyika-See, die allerdings nicht zur Verwirklichung kam.[71]

Bei der „Livingstone Inland Mission" (LIM) hatte man sich das Ziel gesetzt, eine Kette von Missionsstationen entlang des Kongo ins Landesinnere aufzubauen, was auch abschnittsweise gelang.[72]

Ähnliche Strategien verfolgten u.a. auch die „Qua Iboe Mission"[73] und die „Mission Philafricaine"[74].

In der Praxis war es zwar nicht möglich, „Missionsstationen wie die Perlen einer Kette hintereinander anzureihen".[75] Dennoch war die Kettenidee von entscheidender Bedeutung für die Missionsgeschichte Afrikas:

> Ein Vergleich der ursprünglichen strategischen Visionen mit den heute existierenden und auf diese Glaubensmissionen zurückgehenden Kirchen zeigt, daß das Konzept der weiteren Arbeit doch stark von diesen Visionen bestimmt wurde.[76]

Klaus Fiedler weist deshalb darauf hin:

> Die Kettenidee wie das mit ihr verbundene Prinzip der Industrial Mission waren entscheidende und motivierende Kräfte für die frühen Glaubensmissionen.[77]

Durch die „Apostelstraße" wurde die Kettenidee in der gesamten christlichen Welt bekannt,[78] da es ihr zum ersten Mal gelang, die Idee wenigstens ansatzweise in die Tat umzusetzen. Somit war das Projekt „Apostelstraße" ein wichtiger Vorläufer für die Glaubensmissionen in Afrika. Klaus Fiedler bezeichnet deshalb zu Recht die Missionsarbeit der Pilgermission nicht nur als „eine Vorstufe zu den Glaubensmissionen", sondern bescheinigt ihr auch einen „gewissen Vorbildcharakter".[79]

---

[70] Fiedler, Glaubensmissionen, S. 112.
[71] Fiedler, Glaubensmissionen, S. 113.
[72] Fiedler, Glaubensmissionen, S. 113f.
[73] Fiedler, Glaubensmissionen, S. 114.
[74] Fiedler, Glaubensmissionen, S. 113.
[75] Fiedler, Glaubensmissionen, S. 115.
[76] Ebd.
[77] Ebd.
[78] Ostertag (Hg.), „Missionszeitung: Methodistenkirchen", S. 266.
[79] Fiedler, Glaubensmissionen, S. 28.

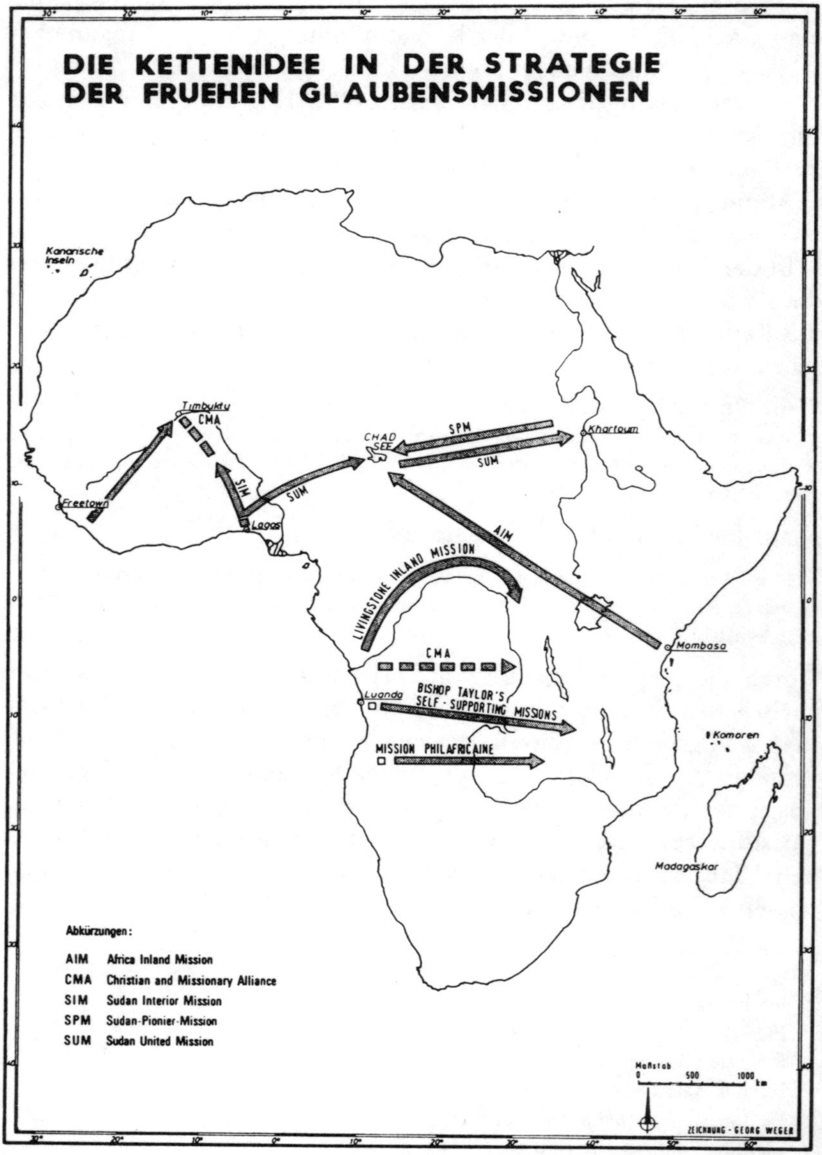

Abb. 20: Die Kettenidee in der Strategie der frühen Glaubensmissionen

5. Die Auswirkungen auf die weitere Missionsarbeit der Pilgermission St. Chrischona

Nachdem das Projekt „Apostelstraße“ als beendet betrachtet werden konnte, hatte man bei der Pilgermission immer noch nicht die Vision aufgegeben, die Gallas für das Evangelium zu gewinnen. Im Frühsommer des Jahres 1873 konnten die Chrischonabrüder Greiner und Mayer wieder nach Schoa reisen und dort eine Schule für die Galla-Kinder der Umgebung errichten. Anfang des Jahres 1881 gelang es ihnen, in das Gallagebiet überzusiedeln. Einige Jahre betrieben sie dort eine bescheidene Arbeit, bis es 1886 schließlich zu ihrer Vertreibung kam.[80]

Da nach der „Apostelstraße“ auch diese Missionsarbeit der Pilgermission wieder aufgegeben werden mußte, fühlte sich das Komitee von Gott dazu geführt, grundsätzlich über das Engagement der Pilgermission in der äußeren Mission nachzudenken.[81]

In einer Sitzung des Komitees am 18. April 1888 beschäftigte man sich deshalb nochmals mit den Verhandlungen, die Spittler 1853 mit dem Basler Missionshaus geführt hatte.[82] Man kam schließlich zu folgendem Beschluß:

> Das Komite der Pilgermission erkennt es nicht als seine Aufgabe, jetzt eine eigene Mission unter den Heiden zu beginnen, obschon es das frühere Versprechen des Herrn Spittler nicht als für alle Zeiten bindend gelten lassen kann. Dagegen behält es sich vor, einzelne Brüder an befreundete Missionsgesellschaften abzugeben.[83]

Man zog sich damit von seiten der Pilgermissionsleitung auf die Position der Einigung zurück, die Spittler mit der Basler Mission 1853 getroffen hatte. Diese hatte man in den vorangegangenen dreißig Jahren de facto nicht beachtet, denn das Projekt „Apostelstraße“ war eine eigenständige außenmissionarische Arbeit der Pilgermission.[84] Man betonte zwar, daß man das Versprechen Spittlers als nicht dauerhaft bindend ansehe. Die Entschei-

---

80 C.H. Rappard, a.a.O., S. 132f.

81 C.H. Rappard, a.a.O., S. 133. Man sprach von einer „dunklen Geschichte der Pilgermissionsversuche in Ost-Afrika“. C.H. Rappard, a.a.O., S. 134.

82 C.H. Rappard, a.a.O., S. 133. Vgl. Kapitel I.3.b.

83 C.H. Rappard, a.a.O., , S. 133f.

84 Oehler, Geschichte der deutschen evangelischen Mission, S. 180.

dung, auf eine eigenständige außenmissionarische Tätigkeit zu verzichten, beeinflußte aber die gesamte weitere Geschichte der Pilgermission: Grundsätzlich blieb man zwar immer bereit, Missionare und Geldmittel zur Verfügung zu stellen. Vor einer eigenständigen Missionstätigkeit, bei der man selbst alle Verantwortung zu tragen hatte, schreckte man allerdings immer wieder zurück.

Ende des 19. Jahrhunderts ließ in Amerika „das Bedürfnis nach bereits ausgebildeten Kräften vom alten Kontinent ... spürbar nach".[85] Die Leitung der Pilgermission sah sich dadurch veranlaßt, „Gott um neue Wege zu fragen".[86] Man sah es daher als einen Wink Gottes an, als 1895 zwei Brüder das Verlangen äußerten, in China zu wirken.[87] Daraufhin kam es zur Gründung des Chrischona-Zweiges der China-Inland-Mission (CIM). Bemerkenswert waren die Regelungen für die Zusammenarbeit zwischen der Pilgermission und der CIM:[88]

> Die Missionare der P[ilger]M[ission] waren ... vollwertige Mitglieder der CIM und nicht nur assoziiert, wie die übrigen deutsprachigen Werke.[89]

Selbst als alle China-Missionare der Pilgermission 1903 auf ein Gebiet konzentriert wurden und man somit ein eigenes Missionsgebiet erhielt,[90] blieben die bisherigen Regelungen zwischen der CIM und der Pilgermission bestehen: Die Missionare von St. Chrischona unterstanden als Vollmitglieder der CIM deren Leitung.[91] Im Jahre 1953 beschloß die Leitung der Pilgermission schließlich, ihren China-Zweig ganz im neu eröffneten Schweizer Zweig der CIM aufgehen zu lassen.[92] Andreas Franz weist in seiner Untersuchung des „China-Zweiges der Pilgermission St. Chrischona"[93] darauf hin, daß „der außenmissionarische Zweig der

---

85 Franz, a.a.O., S. 132.

86 Franz, a.a.O., S. 132. Ein Mitglied des Komitees war der Ansicht, „Chrischona sei nicht fähig Heidenmission zu treiben". KSPM IV, 19. Juni 1900, Punkt V.

87 Franz, a.a.O., S. 132.

88 Die genauen Regelungen finden sich abgedruckt bei: Franz, a.a.O., S. 135f.

89 Franz, a.a.O., S. 136f.

90 Franz, a.a.O., S. 140.

91 Franz, a.a.O., S. 137.

92 Franz, a.a.O., S. 148f. Schmid, 150 Jahre Pilgermission, S. 113.

93 Franz, a.a.O., S. 126–149.

Abb. 21: St. Chrischona, Ende des 19. Jahrhunderts

PM selbst nie eine nennenswerte Rolle spielte".[94] Eine Ursache dafür sieht er darin, daß sich um die Jahrhundertwende „die Ausbildung in St. Chrischona weitgehend an den Bedürfnissen des deutschsprachigen Kulturraums orientierte".[95] Interessant erscheint in diesem Zusammenhang, daß die Ausbildung in früheren Jahren durchaus auf die Außenmission ausgerichtet war. Schließlich erteilte der ehemalige Basler Missionar Kaplan Schlienz auf Chrischona lange Zeit Unterricht im Arabischen,[96] der Basler Missionar Isenberg zeitweise sogar im Amharischen.[97] Nachdem man aber die Arbeit auf der „Apostelstraße" aufgegeben und beschlossen hatte, vorerst keine eigenständige Außenmission zu betreiben, verlor auch die Ausbildung für die Außenmission an Dringlichkeit und Bedeutung. In früheren Jahren verhielten sich Ursache und Wirkung also genau umgekehrt, als es Franz für die Zeit um die Jahrhundertwende angibt: Da der außenmissionarische Zweig der Pilgermission keine „nennenswerte Rolle mehr spielte", orientierte „sich die Ausbildung in St. Chrischona weitgehend an den Bedürfnissen des deutschsprachigen Kulturraumes".[98]

Als die SPM im Jahre 1900 die Pilgermission um ihre Unterstützung bei der Wiederaufnahme des Erbes der Apostelstraße bat, wurde im Komitee der Pilgermission ausführlich über die Stellung zur Außenmission beraten. Dabei spielte das Versprechen Spittlers gegenüber der Basler Mission immer noch eine entscheidende Rolle:

> Inspector macht aufmerksam auf die einst gegebenen Versprechungen Hn. Spittlers dem Basler Missionshaus gegenüber die Heidenmission betreffend ...[99]

Offenbar vertraten einzelne die Ansicht, Gott habe das Projekt „Apostelstraße" nicht gesegnet, womöglich weil Spittler sein Versprechen gegenüber der Basler Mission gebrochen habe. Darüber war man allerdings geteilter Meinung:

---

[94] Franz, a.a.O., S. 146.

[95] Franz, ebd.

[96] „The Pilgrim-Mission at St. Chrischona near Basle" [Vorstellungstraktat], Basel, Juli 1865, Archiv St. Chrischona, S. 1.

[97] C.H. Rappard, a.a.O., S. 120.

[98] Franz, a.a.O., S. 146.

[99] KSPM IV, 19. Juni 1900, Punkt V.

H. Hermann kann es nicht annehmen, daß man sagt, der Herr habe die Apostelstraße u. die Arbeiten in Jerusalem nicht gesegnet. Spittler habe darin einen prophetischen Blick gehabt ...[100]

In einer weiteren Sitzung im November 1900 beriet man nochmals eingehend die Frage,

ob die im Jahre 1853 von Hn. C. F. Spittler dem Basler Missions-Comite gegenüber gewissermaßen abgezwungenen Versprechungen ... auch unter den gegenwärtigen Verhältnissen eine bindende Kraft haben.[101]

Der Beschluß des Komitees weist darauf hin, daß man in dieser Frage noch immer keine klare einheitliche Meinung hatte:

Obschon dieses von den meisten Mitgliedern verneint wird, so einigt man sich doch darauf, daß sobald die Frage durch Gottes Leitung actuell wird, eine Besprechung mit dem Comite des Basler Missionshauses stattfinden soll. – Herr Holdermann wünscht, daß zu Protocoll genommen werde, daß er diese Besprechung nicht für nötig finde ... Diese letztere Ansicht hatte der Herr President schon in der vorhergehenden Sitzung ausgesprochen, u. wiederholte sie in dieser.[102]

Nach dieser Schilderung gab es mindestens drei unterschiedliche Standpunkte in dieser Frage: Einige Mitglieder waren der Ansicht, das Versprechen Spittlers sei immer noch bindend. Einige hielten das Versprechen nicht für bindend, wollten sich aber auf jeden Fall mit der Basler Mission absprechen. Wieder andere waren dafür, keinerlei Rücksichten zu nehmen.

Auch in bezug auf die Anfrage der SPM behielt die Leitung der Pilgermission ihre grundsätzliche Einstellung zur Außenmission bei: Man war bereit, Brüder zur Verfügung zu stellen, von einer Beteiligung an der Verantwortung für diese Missionsarbeit nahm man aber Abstand.[103]

Zu einer Wiederaufnahme der Missionsarbeit in Abessinien durch Chrischonabrüder kam es im Jahre 1926 unter der Leitung der Kirchlichen Judenmission Englands.[104] Nach einer kriegsbedingten Unterbrechung ab 1937 reisten zu Beginn der fünfziger Jahre

[100] KSPM IV, ebd.
[101] KSPM IV, 20. November 1900, Punkt III.
[102] KSPM IV, ebd.
[103] Vgl. Kapitel V.3.
[104] Schmid, 150 Jahre Pilgermission, S. 112.

erstmals wieder ein Chrischonabruder, Werner Sidler, und eine Diakonisse, Lina Lerner, nach Äthiopien aus.[105]

> Aber aufgrund schwerwiegender Differenzen kam es 1960 zu einer Trennung von der Kirchlichen Judenmission und damit zum Ende der Verbindungen Chrischonas zur Falaschamission.[106]

Die Missionare wollten daraufhin in die Arbeit der Sudan-Inland-Mission eintreten. Die Regierung Äthiopiens schlug allerdings vor, Chrischona solle eine eigene Mission gründen.[107] Auf Drängen des Kaiserhauses erklärte man sich schließlich bereit, eine eigene Arbeit zu beginnen. Somit kam es 1960 zur Gründung der „Chrischona-Mission in Äthiopien" mit Sitz in Addis Abeba.[108] Diese Mission war nicht direkt dem Komitee der Pilgermission unterstellt, sondern hatte einen eigenen Vorstand. In den Missiongrundsätzen der Pilgermission von 1965 ist zu lesen:

> Keine Mission in anderen Kontinenten wird vom Komitee der Pilgermission geleitet ... Wenn seit 1960 eine Missionsarbeit in Äthiopien den Namen „Chrischona-Mission" trägt, so darum, weil die Regierung in Addis Abeba das selber gewünscht hat, denn St. Chrischona ist dort seit mehr als hundert Jahren bekannt und geschätzt.[109]

Man sah sich 1965, mehr als hundert Jahre nach dem Versprechen Spittlers an die Basler Mission, immer noch genötigt, sich für die eigenen außenmissionarischen Unternehmungen zu rechtfertigen:

> Mit unserer Teilnahme an der äußeren Mission stehen wir nicht im Widerspruch zu den Grundsätzen des Gründers unseres Werkes. Christian Friedrich Spittler hatte für seine Pilgermission keinen fest umrissenen Plan. Er gedachte dort zu helfen, wo man Beistand und Handreichung bedurfte. Dabei wollte er stets auf Gottes Führung achten.[110]

Die Leitung der Chrischona-Mission in Äthiopien bat 1973 die Pilgermission darum, in deren Verband offiziell aufgenommen zu

---

105 Otth, „Äußere Mission", S. 124.
106 Schmid, 150 Jahre Pilgermission, S. 113. Sidler, Mission in der Krise, S. 112f.
107 Sidler, a.a.O., S. 114.
108 Schmid, „Äthiopien", S. 68.
109 Otth, „Äußere Mission", S. 121.
110 Otth, „Äußere Mission", S. 121.

werden. Somit erhielt die Pilgermission wieder eine selbständige Missionsarbeit.[111]

Im Jahre 1977 mußte die Arbeit aufgrund der Revolution in Äthiopien allerdings schon wieder aufgegeben werden. In dieser Zeit der Neuorientierung „wies Gott den Weg zu einer Zusammenarbeit mit der Deutschen Missionsgemeinschaft (DMG) in Sinsheim".[112] Diese Zusammenarbeit besteht bis heute. Mitglieder der Chrischona-Mission sind vollberechtigte Mitglieder der DMG und arbeiten in verschiedenen Ländern Afrikas[113], Südamerikas und Europas.

Neueste Entwicklungen weisen darauf hin, daß man vermehrt auch wieder bereit ist, über eigenständige Missionsprojekte der Pilgermission nachzudenken. So wies man von seiten der Chrischona-Mission z.B. 1995 darauf hin, daß eine bevorstehende Arbeit im Nordkaukasus „ausnahmsweise nicht in Zusammenarbeit mit der DMG begonnen" werden solle.[114]

Zusammenfassend kann man sagen, daß das Versprechen Spittlers an die Basler Mission und das spätere traurige Ende des Projektes „Apostelstraße" und der Galla-Mission sich auf die gesamte Geschichte der Außenmission der Pilgermission prägend auswirkten.[115] Bis in die Gegenwart hinein, auch nach Gründung einer eigenen Chrischona-Mission, arbeitete man lieber mit anderen Missionsgesellschaften zusammen, als selbst Verantwortung für eigenständige Missionsprojekte zu übernehmen.

---

[111] Schmid, 150 Jahre Pilgermission, S. 114.

[112] Schmid, 150 Jahre Pilgermission, S. 114.

[113] Mit Sr. Lydia Höfflin arbeitet auch heute wieder eine Missionarin der Chrischona-Mission in Äthiopien. Global: Mitteilungsblatt der Chrischona-Mission und der Chrischona-Stadtmissionen im südlichen Afrika, Nr. 1 / März 1997, S. 11.

[114] Lutz Behrens, „Bericht der Chrischona-Mission anläßlich der Arbeitstagung im November 1995", 27. September 1995, im Besitz des Autors.

[115] Carl Heinrich Rappard sprach von einem „tiefgehenden Einfluß" auf „den Gang der Pilgermission". C.H. Rappard, a.a.O., S. 121.

Schluß

Aus der Kenntnis der Vorgänge im Zusammenhang mit dem Projekt „Apostelstraße“ lassen sich auch für die heutigen Fragen nach Theorie und Praxis der Mission in vieler Hinsicht bereichernde Einsichten gewinnen.

So ist das großangelegte Projekt „Apostelstraße“ nur zu verstehen im Rahmen seiner Zeit, die von einer großen Erwartung auf Gottes endzeitliches Handeln geprägt war. Diese Erwartung setzte enorme Kräfte und Opferbereitschaft frei. Deutlich wird allerdings auch, daß bei der Anwendung und Inanspruchnahme bestimmter Verheißungen eine gewisse Zurückhaltung angebracht ist.

Mission wird beflügelt von einer lebendigen Hoffnung, die hilft, die Schwierigkeiten des Alltags zu bewältigen. Überspannte Erwartungen aber halten auf Dauer der harten Realität des Alltags nicht stand. Was wir daher für die Mission brauchen, ist eine lebendige Eschatologie, die einerseits ganz nüchtern die Realität des Kampfes und der enormen Widerstände gegen das Reich Gottes wahrnimmt, die andereseits aber fest mit dem endzeitlichen Sieg Gottes rechnet.

Das Projekt „Apostelstraße“ macht auch deutlich: Missionsstrategische Entwürfe und immer wieder aktuelles Hören auf Gott sind keine Gegensätze, sondern gehören zusammen. Die „Apostelstraße“ zeichnete sich besonders durch ihre außergewöhnlichen missionsstrategischen Entwürfe aus.[1] Der „Vorwurf der Planmacherei und des ungestühmen Vorauseilens, der hie und da der Pilger-Mission zur Last gelegt wird“,[2] muß allerdings mit aller Deutlichkeit zurückgewiesen werden. Das Projekt „Apostelstraße“ darf auch nicht vorschnell abgetan werden als eine „romantische Phantasie, die mit der harten Wirklichkeit nicht rechnen wollte und

---

1 Kettenidee, Idee einer Reserve-Kolonie, Prinzip der Selbstversorgung, usw. Missionsstrategisches Denken war vor allem Ludwig Krapfs Stärke. Eber, „Missionstheologie Krapfs“, S. 29–32.

2 „Fünfter Jahresbericht für die Theilnehmer an der Zwei-Centimes-Collecte zum Besten der Pilger-Mission auf St. Chrischona bei Basel“, Korntal, 6. Dezember 1865, Archiv St. Chrischona, S. 11.

deswegen geradezu leichtfertig und leichtsinnig war".[3] Ein genaueres Hinsehen zeigt eine sehr große Zurückhaltung bei Spittler und dem Komitee der Pilgermission, ein regelrechtes Ringen um Gottes konkrete Weisung in der Verwirklichung ihrer Pläne.[4]

> Trotz all seiner Zähigkeit im Durchsetzen von Plänen war Spittler durchaus auch bereit, Niederlagen hinzunehmen und Geplantes wieder abzusetzen. Er wollte nicht einfach seinen Kopf durchsetzen; denn er wollte ja von Gott abhängig bleiben ... Wenn er versuchte, Pläne in die Tat umzusetzen, dann war das oft wie ein Tasten und Probieren, ob denn Gott auch dies Vorhaben verwirklicht haben wollte.[5]

So konnte Spittler in bezug auf die „Apostelstraße" auch sagen:

> Der aber, der weiter und tiefer sieht denn wir, hat für Alles, was in Seinem Reich geschieht, Seine Zeit und Stunde. Zögert er, so hilft unser Drängen nichts, ja schadet vielmehr und hindert Ihn in Seinem Gang. Darum Geduld! Ist das Werk der Apostelstraße Seine Sache, so wird Er es zu Stande bringen, wann es Ihm gefällt.[6]

Das Projekt „Apostelstraße" zeigt demnach in vorbildlicher Weise: Missionsstrategische Entwürfe haben eine enorme Bedeutung, aber selbst die besten Entwürfe müssen hinterfragbar bleiben durch die aktuellen Weisungen Gottes.

Lernen sollte man allerdings auch aus den Versäumnissen der damaligen Zeit. So gilt es angesichts des Festhaltens Spittlers an der unrealistischen Konzeption der Selbstversorgung zu fragen: Wo werden heute aufgrund schöner Theorien Missionaren Lasten auferlegt, die ihren Dienst unnötigerweise erschweren? An welchen Punkten sind heute Missionsleitungen gefordert, durch vermehrte

---

3 Veenhof, „Apostelstrasse", S. 361.

4 Auch die Einstellung Ludwig Krapfs in dieser Sache muß differenzierter bewertet werden, als es z.B. Julius Richter tut: „Krapf war ein sprühend anregender Geist, dem aber der nüchterne, mit den Wirklichkeiten rechnende Menschenverstand nicht in gleichem Maße zu Gebote stand, als Missionsanreger groß, als Missionsstratege ein Irrlicht." Richter, Mission in Afrika, S. 607. Auch wenn Krapf manchmal dazu geneigt haben mag, übergroße Pläne und Projekte zu entwerfen, so hatte er doch in Ostafrika durch eigene schmerzliche Erfahrung gelernt, in der Verwirklichung seiner Pläne demütig auf Gottes Reden und Handeln zu warten. Claus, Dr. Ludwig Krapf, S. 141. 179. 187.

5 R. Scheffbuch, Wird künftig beachtet, S. 39.

6 13. Rundschreiben 1861, S. 10.

Fürsorge für ihre Mitarbeiter deren Dienst an vorderster Front zu erleichtern?

Zu denken geben auch die Folgen der Rücksichtnahme Spittlers auf die Wünsche der Basler Mission. Diese Rücksichtnahme machte die „Apostelstraße“ weitgehend von der Unterstützung von Einzelpersonen in England abhängig und war letztlich der wesentliche Grund für das finanzielle Scheitern des Projektes. Auch heute gilt es zu fragen, wo persönliche Interessen und die Interessen einzelner christlicher Werke um des Reiches Gottes willen zurückgestellt werden müssen. Nicht immer ist es richtig, auf die Ängste bestehender Organisationen einzugehen und auf ihre Änderung zu warten. Rolf Scheffbuch meint dazu:

> Wenn wir bereit wären, aus der Vergangenheit auch nur ein Geringes zu lernen, dann würde uns klar werden: Der heutige Streit um die sog. Parallelstrukturen ist ein müßiger, ein theoretischer, ein gedankenloser Streit. Wache Christen wie Spittler haben immer zusätzliche Aktionen ins Leben gerufen – nämlich wenn Notwendigkeit dazu bestand.[7]

Verständlich ist das Projekt „Apostelstraße“ schließlich nicht ohne die biographische Verflechtung der beiden Hauptakteure Christian Friedrich Spittler und Ludwig Krapf mit einem Auftrag, die Arbeit unter dem Volk der Gallas zu fördern. Beide verstanden es als persönliche Berufung, sich für die Erreichung des Galla-Volkes mit dem Evangelium einzusetzen.[8] Dabei spielte eine entscheidende Rolle, daß man die Gallas als besonders empfänglich für das Evangelium einschätzte. Man erwartete auch, daß die Gallas dasjenige Volk sein werde, durch das einmal ganz Ostafrika gewonnen würde. Die konkrete Erfüllung dieser Erwartung erlebten Spittler und Krapf nicht. Rolf Scheffbuch weist in diesem Zusammenhang jedoch auf folgendes hin:

> Fantasterei schien zu sein, was an Erwartungen hinter dem Projekt der ‚Apostelstraße‘ stand: Nämlich die Missionierung des Galla-Stammes. Heute, da die Erweckungsbewegung in Ostafrika hauptsächlich von den Galla-Oromo-Stämmen getragen wird, ist das geradezu prophetische Wort von Dr. Ludwig Krapf, der ein vertrauter Mitarbeiter und Freund Spittlers war,

---

7 R. Scheffbuch, a.a.O., S. 42f.

8 Sahlberg, From Krapf to Rugambwa, S. 23. 24. Jahresbericht 1872, S. 19.

in Erfüllung gegangen: ,Wenn Gott die Gallas gewinnt, dann gewinnt er Zentralafrika'.[9]

Das Projekt „Apostelstraße" zeigt, daß man schon damals in der Mission ein besonderes Augenmerk auf die Missionsfelder richtete, die man für „reif zur Ernte" hielt und daß man dort auch besondere Anstrengungen unternahm. Gleichzeitig machte man sich aber nicht davon abhängig, den Segen Gottes an der direkt sichtbaren Frucht zu messen. In den enormen Widerständen und dem – menschlich gesehen – Scheitern verstanden die Missionare der „Apostelstraße" ihre Opfer immer wieder als eine „Tränensaat", aus der Gott einmal eine „Freundenernte" erwachsen lassen werde.[10] So heißt es auch in der Allgemeinen Missionszeitschrift des Jahres 1882 über die „Apostelstraße":

> Es war ein herrlicher Versuch und wer kann sagen, ob ihm nicht doch noch Erfolge vergönnt sind? „Es sei denn, daß das Weizenkorn in die Erde falle und ersterbe, so bleibt es allein; wo es aber erstirbt, so bringet es viele Früchte."[11]

Früchte hat das Projekt „Apostelstraße" bereits in vielerlei Hinsicht getragen.[12] Eine eigentliche „Freudenernte" unter den Völkern entlang des Nil steht allerdings bis heute noch aus. Die enormen Opfer, die u.a. von den Missionaren der „Apostelstraße" aus Liebe zu Gott und den Menschen in diesem Gebiet gebracht wurden, geben allerdings Anlaß, noch Großes von Gott zu erwarten.

Auch heute hat die Mission immer wieder ein besonderes Augenmerk auf die Felder zu richten, die „reif für die Ernte" zu sein scheinen. Gleichzeitig gilt es aber daran festzuhalten, daß zur Mission auch die Dimension der „Tränensaat" gehört. Wenn auch die Erntearbeit zu bestimmten Zeiten dringlicher zu sein scheint, so verdienen doch gerade die „Saatarbeiter", deren Dienst menschlich

---

9 R. Scheffbuch, a.a.O., S. 45.

10 Das Verständnis von Mission als „Tränensaat" findet sich in bezug auf die „Apostelstraße" zwar verstärkt aber nicht ausschließlich in den späteren Jahren, die von äußerem Mißerfolg geprägt waren. 16. Rundschreiben 1864, S. 13.

11 „Dr. Krapfs Missionslaufbahn", übers. und hg. von Gustav Warneck, S. 360.

12 Vgl. Kapitel V.

gesehen oft von Niederlagen und enormen Widerständen geprägt ist, unsere besondere Hochachtung und Unterstützung.

Mission darf auch heute in dem getrosten Wissen geschehen, daß sie dort, wo sie aus Liebe zu Gott und den Menschen geschieht, auch in den Niederlagen und auch im scheinbaren Scheitern eine Saat ist, die ihre Ernte bringen wird. Mission als entschiedener Einsatz für die Herrschaft Gottes ist immer ein Kampf, ein Kampf, in dem es zu Verwundungen und Niederlagen kommt. Wer aber weiß, daß die Zukunft der Herrschaft Gottes gehört, hat keinen Grund zur Resignation.

Das äußere Scheitern des Projektes „Apostelstraße" und auch Niederlagen in der heutigen Missionsarbeit dürfen uns deshalb nicht entmutigen. Der opferbereite Einsatz der Brüder der „Apostelstraße" sollte uns vielmehr ein Ansporn sein, Großes von Gott zu erwarten und Großes für ihn zu wagen.

„Alles, was bisher geschehen ist,
gehört nur zum Wegbereiten,
zur Tränensaat auf Hoffnung;
arbeiten wir treulich fort im Glauben und in der Liebe,
so wird die Freudenernte nicht ausbleiben."

C.F. Spittler[13]

---

[13] Haag, Für Gott und Menschen, S. 52.

Anhang

Inhaltsverzeichnis Anhang

1. Brief von Christian Friedrich Spittler an das Komitee der Basler Mission, 24. August 1853[1]

Riehen, den 24. August 1853

Schon vor mehr als acht Tagen hatte Herr Ratsherr Christ die Güte, mich zu besuchen und mir Gelegenheit zu geben, ihm meine Gesinnungen über das von Ihnen an mich erlassene Schreiben nebst Komiteebeschluß mitzuteilen und auszusprechen, wie mich der Inhalt desselben verwundert und verwundet habe, so freundlich und brüderlich es auch gestellt gewesen ist. Es ist mir durch diese Besprechung vieles erleichtert worden, wofür ich dankbar bin, da in meinem vorgerückten Alter schriftliche Erörterungen derart schwer sind, und ich kann daher gleich zur Hauptsache übergehen, welche nach der vor einigen Tagen von Herrn Ratsherrn Christ mir zugekommenen Zuschrift zunächst darin besteht: Ob ich mich entschließen könnte, dem Komitee zu lieb (wenn auch mit dem einstimmigen Bedenken desselben nicht einig) zu erklären, die Jerusalem- und Abessinien-Aussendung aufzugeben und mich auf die innere Mission und Nordamerika beschränken zu wollen u.s.w.?

Es wäre nicht aufrichtig, wenn ich sagen würde, es koste mich kein Opfer; nein! es fällt mir schwer.

Denn namentlich Jerusalem ist immer mein Lieblingskind gewesen; wenn aber der Herr durch Sie dasselbe geopfert haben will, so geschehe Sein heiliger Wille! Allerdings war es meine Absicht, dem Brüderhaus in Jerusalem durch die abessinische Aussendung in Gemeinschaft mit Herrn Bischof Gobat und Pastor Valentiner, die mir beide mündlich und schriftlich brüderliche Hilfe angeboten haben, einen kräftigen Stützpunkt schaffen zu können und dasselbe in Jerusalem zu einer geistigen Werkstätte einzurichten; allein Ihr mir ganz unerwartetes Dazwischentreten heißt mich das geliebte Kind schlachten. Ob der Herr das Messer noch abwenden will, überlasse ich ruhig Ihm; denn ich habe es in dieser wichtigen Sache einzig mit Ihm, nicht mit Ihnen zu thun, in dem Sie, wie ich, sündige Werkzeuge sind, die Seine Gnadenhand nur aus Erbarmen gebraucht. Letzten Sonntag zeigte ich dem guten Kaplan Schlienz und den

[1] „Spittler an das Komitee der Basler Mission, 24. August 1853", in: Staehelin, Christentumsgesellschaft, S. 596–597.

betreffenden Brüdern das Opfer an, und es ging ihnen fast noch mehr durch Herz als mir; ich beruhigte sie aber und bat sie, still auf den Herrn zu sehen, Er werde alles wohl machen. Im Lauf dieser Woche habe ich auch noch dem im Unterricht für die Brüder unermüdet treuen Isenberg zu schreiben und ihn zu bitten, es sich um des Herrn willen recht sein zu lassen, daß all seine Zeit und Kostenaufwand für die amharische Sprache nun zu Wasser geworden.

Ihr Begehren ist ferner an mich, der Beschränkung auf die innere Mission und Nordamerika mich zu unterwerfen. Das will ich thun, zumal solches stets der Hauptzweck meiner Bestrebungen war; es ist ja dies ein gar großes Feld, wo ich nur eine ganz kleine Lücke ausfüllen kann.

Dabei bleibt mir natürlich vorbehalten, auf Verlangen an einzelne Personen und Gesellschaften nah und fern Arbeitsbrüder abzugeben.

2. „Programm der Apostelstraßen-Mission oder einer Missionsposten-Linie von Jerusalem nach den Nil-Ländern und Central-Afrika im Allgemeinen, und nach Abessinien und den Galla-Ländern insbesondere“[2]

Seit einer Reihe von Jahren sind wichtige Versuche gemacht worden, besonders den Osten von Afrika nicht nur auszukundschaften, sondern auch demselben mit dem Heile das in Jesus ist, zu Hilfe zu kommen und in unseren Tagen ziehen dort die Unternehmungen an dem Suez-Kanal die Aufmerksamkeit von mehreren Welttheilen auf sich. Wer je einmal die Karte jener Länder vom christlichen Standpunkt aus angeschaut hat, dem kann nicht entgangen sein, wie der wichtige Nilstrom mit seinen beiden Hauptzuflüssen eine so große Masse von Stämmen, Völkern und Königreichen durchzieht, die

[2] Spittler und Krapf, „Programm der Apostelstraßen-Mission oder einer Missionsposten-Linie von Jerusalem nach den Nil-Ländern und Central-Afrika im Allgemeinen, und nach Abessinien und den Galla-Ländern insbesondere“, [1863], Archiv St. Chrischona.

noch unter sehr bedauerlichen Cultur- und Religionszuständen seufzen. Ebenso zeigt uns ein einfacher Blick auf die Karte den Weg, auf welchem jenen Völkern Hilfe gebracht werden kann. Es ist der Nilstrom, zuerst in seiner Getrenntheit in den blauen und weißen Fluß, und dann in seiner Vereinigung durch Nubien und Egypten. Hier haben wir die Hauptthore, durch welche jene innerlich und äußerlich zerrissenen und geblendeten Nationen bis ins Innere von Afrika hinein „dem HErrn zum Geschenk gebracht werden" können nach Zephanja 3,10 u. Jes. 19,19–25.

Die Pilgermission auf St. Chrischona erkannte deßhalb in dem Plane, ihre Thätigkeit auf jenes Gebiet hinzurichten, weder eine unzeitige, noch ungeschickte Stellung zu dem Entwicklungsgang des Reichs Gottes auf Erden, noch eine Unangemessenheit für die herrlichen Verheißungen unseres Gottes.

Es war vor bald 10 Jahren, als die im Glauben an Jesu selig scheidende Galla-Negerin Pauline Fatme auf ihrem Sterbebette mit Thränen und aufgehobenen Händen Herrn Spittler in Basel ersuchte, Missionare zu ihrem Volke, den heidnischen Galla im Süden von Abessinien zu senden, damit sie durch das Evangelium auch der Segnungen theilhaftig würden, welche der Sterbenden so willkommen und köstlich waren. Man fand, daß nicht nur die 8 Millionen Gallas am besten von Abessinien aus mit dem Evangelium erreicht werden könnten, sondern daß sich überhaupt in den Resten der alten Christenkirchen in Abessinien[3] und Egypten die geeignetsten und ersten Anknüpfungspunkte für die Einwirkung auf jene ostafrikanischen Völker überhaupt darbieten würden, und nach einer Uebereinkunft mit dem theuren Bischof Gobat, welcher früher selbst Missionar in Abessinien gewesen war, wurde unter seiner Leitung zunächst die Mission in Abessinien im Jahr 1856 wieder aufgenommen. Die hiezu erforderlichen Brüder wurden in der Pilgermissions-Anstalt auf St. Chrischona gebildet und leiteten unter vielen Schwierigkeiten und Nöthen das Werk ein. Abgeschlossen von aller Welt befanden sich jedoch die 6 Pilger-

[3] An dieser Stelle befindet sich im Original die Fußnote: „Es hat auch noch christliche Ueberreste im Süden von Abessinien, in den Ländern Gurague, Cambat, Wolamo, Kaffa und Susa, deren Bewohner, wenn sie durch das Evangelium wiederbelebt würden, ein Licht und Salz für die Heiden umher werden könnten."

Missionare in Abessinien in einer Lage, welche uns und viele Freunde oftmals in Bangigkeit versetzte, indem Briefe und Sendungen ein bis zwei Jahre weder nach Abessinien, noch von dort nach Jerusalem und Europa gelangen konnten, was dann auch den gedeihlichen Fortgang der Mission sehr erschwerte. Der Umstand, daß das Land bei so vielen günstigen Bedingungen ein überaus wichtiger Schlüssel zum Innern von Afrika ist, sowie andererseits das Daniederliegen jedes nützlichen Arbeitszweiges und des Handels, während doch das Land von jeher wegen seines großen Naturreichthums und seinem gesunden Clima rühmlich bekannt ist, mußte in Verbindung mit oben erwähnten Uebelständen bei der Pilgermission das Verlangen erregen, Abessinien näher zu rücken und nächst der Evangelisation auch der Colonisation ein Augenmerk zuzuwenden.

Dies brachte Herrn Spittler im Jahr 1859 auf den Gedanken, eine Stationenkette als Missionsstraße zwischen Jerusalem und Abessinien zu errichten. Da die Entfernung von Jerusalem bis Gondar, der Hauptstadt von Abessinien, circa 600 Stunden beträgt, so würden 12 Stationen durch Egypten und Nubien – hauptsächlich dem Nil entlang – erforderlich sein, deren jede ungefähr 50 Stunden von der anderen entfernt wäre. Diese Stationenlinie hat den Namen Apostelstraße erhalten, weil jede Station den Namen eines Apostels tragen soll, nicht als ob die Missionare, welche diese Posten besetzen, selbst Apostel zu nennen wären, obwohl es unser Wunsch und Gebet zu Gott ist, daß sie soviel als möglich vom Apostelgeiste empfangen möchten. Allein woher sollten die Mittel zur Ausführung dieses großen und kostspieligen Unternehmens kommen? Auch die bescheidene Stellung der Pilger-Missionare, welche mit Nahrung und Kleidung zufrieden sein wollen, muß für 12 Stationen doch eine beträchtliche Ausgabe verursachen. Dies führte auf den Gedanken, die Stationen von der Unterstützung der Heimat möglichst unabhängig zu machen, uns sich daher bei dieser Mission die Aufgabe zu stellen, hauptsächlich durch den Handel, durch die Gewerbe und den Ackerbau der Apostelstraßen-Missionare den Unterhalt zu erwerben. Für den Anfang ist jedoch zur Begründung jeder Station eine namhafte Hilfe nothwendig und deßhalb können dieselben nur langsam vorwärts schreiten. Durch die Barmherzigkeit unseres Gottes ist es indeß bis jetzt gelungen, von jenen 12 Stationen drei in Angriff zu nehmen.

Programm

der

Apostelstraßen-Mission

oder einer

Missionsposten-Linie von Jerusalem nach den Nil-Ländern und Central-Afrika im Allgemeinen, und nach Abessinien und den Galla-Ländern insbesondere.

Seit einer Reihe von Jahren sind wichtige Versuche gemacht worden, besonders den Osten von Afrika nicht nur auszukundschaften, sondern auch demselben mit dem Heile das in Jesus ist, zu Hilfe zu kommen und in unseren Tagen ziehen dort die Unternehmungen an dem Suez-Kanal die Aufmerksamkeit von mehreren Welttheilen auf sich. Wer je einmal die Karte jener Länder vom christlichen Standpunkt aus angeschaut hat, dem kann nicht entgangen sein, wie der wichtige Nilstrom mit seinen beiden Hauptzuflüssen eine so große Masse von Stämmen, Völkern und Königreichen durchzieht, die noch unter sehr bedauerlichen Cultur- und Religionszuständen seufzen. Ebenso zeigt uns ein einfacher Blick auf die Karte den Weg, auf welchem jenen Völkern Hilfe gebracht werden kann. Es ist der Nilstrom, zuerst in seiner Getrenntheit in den blauen und weißen Fluß, und dann in seiner Vereinigung durch Nubien und Egypten. Hier haben wir die Hauptthore, durch welche jene innerlich und äußerlich zerrissenen und geblendeten Nationen bis ins Innere von Afrika hinein „dem HErrn zum Geschenk gebracht werden" können nach Zephanja 3, 10 u. Jes. 19, 19—25.

Die Pilgermission auf St. Chrischona erkannte deßhalb in dem Plane, ihre Thätigkeit auf jenes Gebiet hinzurichten, weder eine unzeitige, noch ungeschickte Stellung zu dem Entwicklungsgang des Reichs Gottes auf Erden, noch eine Unangemessenheit für die herrlichen Verheißungen unseres Gottes.

Es war vor bald 10 Jahren, als die im Glauben an Jesu selig scheidende Galla-Negerin Pauline Fatme auf ihrem Sterbebette mit Thränen und aufgehobenen Händen Herrn Spittler in Basel ersuchte, Missionare zu ihrem Volke, den heidnischen Galla im Süden von Abessinien zu senden, damit sie durch das Evangelium auch der Segnungen

Abb. 22: „Programm der Apostelstraßen-Mission"

Mit der St. Markus-Station in Cairo wurde im November 1860 der Grund gelegt. Die Thätigkeit der 4 Brüder daselbst, welche in Einem Hause zusammenwohnen und ihre Haushaltung ohne Dienstpersonal selbst führen, besteht in Predigt, Schule und Stadtmission und erfreut sich ehrenhafter Zeugnisse von Besuchenden, welche Augenschein davon genommen haben. Auch erwies sich diese Station als der geeignetste Ort, an welchem sich unsere Missionare, ehe sie weiter ins Innere versetzt werden, acclimatisiren und mit der Sprache und den Verhältnissen des Orients bekannt machen können.

Die zweite Station St. Paulus in Matamma (unter dem 13° n. Br.) ist in Angriff genommen seit dem Anfang des Jahres 1862. Sie hat ihre besondere Wichtigkeit als unmittelbares Thor nach Abessinien und als temporäres Standquartier der Tagruris. So heißen die muhamedanischen Neger aus dem westlichen Central-Afrika bis zu den Haussa hin, die auf ihren Pilgerfahrten nach und von Mekka hier verweilen und welche die aufgenommenen Samenkörner des Evangeliums durch das Herz von Afrika bis nach Sierra Leone hinüber tragen können. Von jetzt an sind 3 Brüder dort angestellt, welche sich für ihren Unterhalt bereits ein kleines Anwesen einrichteten, bestehend aus 3 Hütten und einem schönen Stück Land, das sie mit Gemüse, Durra und Baumwolle angepflanzt haben.

Die dritte Station, zu welcher sich der Weg auf merkwürdige Weise erst im Lauf des Jahres 1863 bahnte, ist St. Thomas in Kartum (15 ½° nördl. vom Aequ.), wo die Pilgermission von dem abgegangenen österreichischen Consul ein geräumiges Haus angekauft hat. Diese Stadt ist der Sitz des Gouverneurs vom egyptischen Sudan, sie zählt über 20,000 Einwohner und ist vermöge ihrer Lage am Zusammenfluß des weißen und blauen Nils der Haupthandelsplatz in Ober-Nubien, wo sich vom westlichen Afrika her, von den Ufern der beiden Nilarme im Süden und aus Abessinien, vom rothen Meer und aus Egypten her alle Waaren concentriren. Da die Pilgermission nach den Erfahrungen ihrer Missionare in Egypten sich zum Selbstunterhalt der Stationen unter den jetzigen Verhältnissen jener Länder vom Handel mehr versprechen darf, als vom Betrieb des Landbaues und der Gewerbe, so ist sie von selbst darauf geführt, eben hier in Kartum den Missionaren einen tüchtigen, christlichen Kaufmann beizugeben, und gedenkt sie, zur

Begründung dieses Geschäfts ein besonderes Betriebs-Capital aufzunehmen.

Wie unserem ganzen Missionswerk auf der Apostelstraße, so ist auch seiner Aufgabe bedeutend vorgearbeitet dadurch, daß die Pilgermission in Jerusalem bereits ein von christlichen Brüdern geführtes Handlungshaus (mit Filial in Jaffa) hat, welches sich selbst erhält und für alle unsere Arbeiter im Osten eine willkommene Heimat bildet. Die beiden Chefs des Hauses sind zugleich auch Mitglieder des dortigen von Herrn Bischof Gobat präsidirten Lokal-Comite's der Pilgermission durch welches das ganze Missionswerk der Apostelstraße zunächst geleitet wird.

Der Verkehr mit Abessinien wurde im Lauf des Jahres 1863 zur großen Freude unserer 8 Brüder daselbst durch unseren Br. Haußmann in Matamma angeknüpft. Der König von Abessinien hat die Zusage gegeben, daß unsere Brüder als Kaufleute in seinem Land frei aus- und eingehen dürfen und eben jetzt leitet einer der Missionare den ersten größeren Speditions- und Pilgerzug zwischen Jerusalem und Abessinien, indem er mit 7 neuen Brüdern und seiner Frau von Jerusalem und Cairo nach seiner (St. Paulus-) Station zurückkehrt. Seinen Zug begleiten unter Anderem auch 18 Kamele mit amharischen Bibeln und Testamenten.

Mit Freuden würden wir, sobald uns aus der gütigen Hand Gottes die Mittel dargereicht werden, die schon einmal besetzte St. Matthäus-Station in Alexandrien wieder herstellen, welche zugleich das wichtige Bedürfnis einer christlichen Herberge in jener Weltstadt befriedigen würde.

Sehen wir auf die 3 Jahre hin, die nun auf das Werk verwendet worden sind, so müssen wir sagen: Der HErr hat mehr gethan als wir je erwarten und erflehen konnten. Wir haben darin und in der ganzen Constellation der Zeit eine Ermunterung, nicht nur selbst mit Muth und Freudigkeit dabei fortzuarbeiten, sondern das Werk zur kräftigen Fortsetzung auf's Neue auch der Theilnahme der Freunde des Reichs Gottes zu empfehlen, damit bald vollkommen erfüllt werde das prophetische Wort Davids: „Die Fürsten aus Egypten werden kommen, Mohrenland wird seine Hände ausstrekken zu Gott." (Ps. 68,32).

Das älteste Mitglied der Pilgermission
Christ. Fried. Spittler
Dr. L. Krapf, Sekretär der Apostelstraße

3. Stellungnahme von C. Bonekemper (28. Februar 1863) zum Entwurf des Programmes der „Apostelstraße“ von Ludwig Krapf[4]

Ich möchte einem Unternehmen, das Hr. Spittler in seinem hohen Alter mit so jugendlichem Muthe betreibt nicht entschieden ankündigen, daß es todt geboren werden wird. Da die „Apostelstraße“ wirklich gegen mein Erwarten durch 4 schwere Kindesjahre hindurch sich erhalten hat, möchte nicht prophezeihen [sic!], daß die nun hiemit in Verbindung zu bringende Gosen-Sache menschliche Speculation ist u. untergehen wird. Doch habe ich in meiner Zeit schon so viel von im Orient unternommenen u. mißglückten christlichen und selbst jüdischen Ansiedlungen gelesen und gehört, daß ich auch zu diesem neuen Project vorderhand auch kein Vertrauen gewinnen kann. Egypten gehört noch immer zur Türkey u. in letzterer hat mein Vater bei einer deutschen Gemeinde als Prediger von Seiten der türkischen Obrigkeit die bittersten Erfahrungen gemacht. Auch hat man in diesen Blättern die Verdienste des vorigen Pascha hervorgehoben, nicht aber die vielen Ungerechtigkeiten …

---

4 Krapf, „Programm der Apostelstraße von Jerusalem nach Gondar, oder einer Missions-Posten-Linie nach den Nil-Ländern u. Central Africa im Allgemeinen, u. nach Abessinien insbesondere“, Korntal, 10. Februar 1863 [10 handschriftliche Seiten; mit Korrekturen und 6 zusätzlichen Seiten an Kommentaren der Komiteemitglieder; mit neuem Datum versehen: 27. Februar 1863], SA Basel, PA 653, E1.

4. „Aufruf zur Unterstützung der Pilgermissions-Thätigkeit in Cairo, Oberegypten und Centralafrika; auch ‚Apostelstraßen'-Mission genannt"[5]

Der Befehl des Herrn: Gehet hin in alle Welt und prediget das Evangelium aller Creatur, Marci 16,15–16. Matth 28,19 u 20. ist an alle seine Jünger und Nachfolger gerichtet.

Darum fühlte sich die unterzeichnete Commit, berufen den, in leiblichen und geistigen Elend und Jammer, [sic!] verkommenen Völkern Egyptens + Centralafrika's die Botschaft des Friedens zu senden, soweit in ihren schwachen Kräften steht und zugleich, durch Gründung einer Reihenfolge von 12 Stationen in Zwischenräumen von cca. 50 Stunden, eine sehr nothwendige Verbindung der isolirten Missionare in Abessinien mit Europa herzustellen. – . Daher der Name Apostelstraße!

An dieser Stelle sind jetzt 3 Stationen besetzt: Cairo, genannt St. Marcus, Matammah, St. Paulus, nur 3 Tagereisen von der abessinischen Grenze gelegen und die 3te St. Thomas erst kürzlich in Chartum.

Der Grundsatz der Apostelstraßen Mission ist Selbsterhaltung! Dies ist sehr schwer, fast unmöglich in Cairo zu erreichen. Es sind dort für beständig 3 oder 4 Missionare beschäftigt mit Freiunterricht arabischer Kinder in einer regelmäßigen Wochentagsschule, mit Stadtmission unter Mohamedanern, eingeborenen und deutschen Christen und jeden Sonntag halten Sie Vormittags um 10 Uhr deutschen und Nachmittags arabischen Gottesdienst. Außerdem ist Cairo die Vorschule für alle Missionsbrüder, ehe sie auf die Stationen in Oberegypten abgehen, um zuvor die arabische Sprache, den Feldbau nach egyptischer Bewässerungsmethode zu erlernen und überhaupt sich zu acclimatisiren, wozu es eines Aufenthalts von 2 Jahren bedarf. – . In Matammah, Chartum und den, mit Gottes Hülfe, noch zu gründenden Stationen haben die Missionsbrüder die

[5] [Hermann Löwenthal], „Aufruf zur Unterstützung der Pilgermission-Thätigkeit in Cairo, Oberegypten und Centralafrika; auch „Apostelstraßen"-Mission genannt", 1863, SA Basel, PA 653, E1. Bei dem Dokument handelt es sich vermutlich um eine Kopie. Statt einer Unterschrift trägt das Dokument die nachträglich eingefügte Überschrift: 1863 – Aufruf zur Unterstützung der Pilger-Mission – Hermann Löwenthal.

Aufgabe, eines Theils durch Predigt und Unterricht auf Bekehrung und innere wie äußere Heranbildung ihrer Umgebung einzuwirken, anderen Theils, als Vorbilder zur Thätigkeit durch Anbau der Felder mit Baumwolle und anderen Produkten, oder durch Tauschhandel zugleich ihren Unterhalt sich selbst zu verschaffen.

Herr Bischof Gobat, als Präsident und Herr Pastor Valentiner, als Vicepräsident, stehen dem, mit der direckten Leitung und Rechnungs Ablage der Apostelstraße, betrauten Localcommit, in Jerusalem vor.

Sollten daher Freunde der wahren Civilisation und des dauernden Friedens, die allein durch's lautere Christenthum erzeugt werden können, zur Unterstützung unserer schwachen Bemühung in Cairo und zur Gründung der noch fehlenden Stationen, ein Schärflein beitragen, so sind sie, auch ferner ersucht diese Sache auf fürbittenden Herzen bei Gott und Menschen zu tragen.

Für die Commit, der Pilgermission auf
St. Chrischona bei Basel in der Schweiz

5. „Instruction der Jerusalems-Committee für die nach Cairo abgehenden Brüder Carl Haussmann, Johann Eipperle, Chr. Blessing u. David Mehl“[6]

Im Aufblick zum Herrn, in Seinem heiligen Namen und zu Seiner Ehre senden wir, die auf den Wunsch der Basler Herren zu einem Jerusalemscomite Zusammengetretenen, im herzlichsten Einverständniß mit jenen Freunden daheim, Euch, lieben Brüder, an den Ort eurer Bestimmung, nach Cairo, um dort die erste der von Egypten nach Abyssinien neu zu gründenden Missionsstationen zu beginnen, sprechend mit dem Apostel: „Der Gott des Friedens, der von den Toten ausgeführt hat den großen Hirten der Schafe durch das Blut des ewigen Testamentes, unsern Herrn Jesum Christum,

6 „Instruction der Jerusalems-Committee für die nach Cairo abgehenden Brüder Carl Haussmann, Johann Eipperle, Chr. Blessing u. David Mehl“, 14. November 1860, SA Basel, PA 653, E3.

der mache euch, fertig in allem guten Werk, zu thun seinen Willen, und schaffe in euch, was vor ihm gefällig ist, durch Jesum Christum, welchem sei Ehre von Ewigkeit zu Ewigkeit! Amen.

Zu diesem großen Hirten der Schafe bekennt ihr euch, als der euch zu Seiner Gnade gebracht hat. Ihm wollt ihr dienen mit Allem, was ihr seid und habt; wohlan der Herr weist euch jene Stätte Egyptens an, mitzuhelfen, daß ihm das Verlorene zugeführt werde. Wohl hat er eine Zeit gegeben, wo das Licht des Evangeliums über dieses Land einen hellen Schein verbreitete; aber es ist leider längst wieder Finsterniß hereingebrochen. Unter den vielen todten Gliedern die wohl den Christennamen tragen gilt es, in der Kraft des heiligen Geistes Leben zu wecken, ihnen gilt es, durch Zeugnis durch Wort und Wandel vorzuführen, wie ferne ihr äußerliches Wesen von der Wiedergeburt sey ohne welche niemand das Reich Gottes sehen kann. Dafür laßt euch Alt und Jung durch Verbreitung des Wortes Gottes, wie durch Schulunterricht anbefohlen sein. Wir leben in einer Zeit, wo augenscheinlich auch unter den Bekennern des falschen Propheten unser Herr sich ein Häuflein für sein ewiges Reich sammelt; um so zuversichtlicher dürfen wir euch auch auf diesen Theil der dortigen Bevölkerung verweisen mit Eurer Predigt des Evangeliums.

Indem ihr bereit sein werdet helfende Hand zu bieten da wo sich euch eine offene Thüre für die selig machende Wahrheit sei es in von euch selbst zu errichtenden oder in bereits bestehenden Schulen bietet, und so sich Gelegenheit findet, auch durch Anleitung junger Leute zu einem Handwerk für das geistliche und ewige Wohl solcher Jünglinge bemüht zu sein, zeigt sich noch in Cairo als besonderen Gegenstand eurer Thätigkeit der deutsche Theil der dortigen Bevölkerung. Die in den letzten Jahren begonnene Wirksamkeit des H. Pastor Sior zu Alexandrien auf dem Gebiete der Predigt und Seelsorge auch zu Cairo wird euch euren Eintritt dort wesentlich erleichtern, und gereicht es uns zu großer Beruhigung, daß sowohl dieser, als auch der königl. Preussische General-Consul dort eurem Unternehmen ihren freundlichen Schutz zugesagt haben.

Wir stellen euch hiemit dem preussischen Geistlichen zu Alexandrien besonders für Cairo als den entfernteren Theil seines Sprengels als Gehülfen für die Zeit, wo dieser dort nicht anwesend sein kann zur Verfügung, und verweisen euch auf desselben Rath und Beistand, wie nach den dortigen Verhältnissen am besten eine segensreiche Thätigkeit unter unsern Landsleuten zu beginnen sei. Es wird auch dort durch persönlichen Verkehr, durch Besuch der Armen und Kranken durch Beweise herzlicher Theilnahme und aufrichtigen Wohlwollens eurerseits das Vertrauen als Anfang näheren Anschlusses für zu haltende Versammlungen, Bibelstunden, wie für etwaige Abendbeschäftigung, betreffend Mittheilungen aus dem Reiche Gottes, wie auch Anleitung zu sonstigen nützlichen Kenntnissen zu gewinnen sein.

Wird einerseits euch selbst die einmal im Monat zu Cairo gehaltene Predigt des Preussischen Geistlichen von Alexandrien zur Erbauung und Stärkung dienen, wird es andererseits eure Aufgabe sein, in den langen Zwischenräumen die durch das Wort der Verkündigung gemachten Eindrücke lebendig zu erhalten, und bei Alt und Jung in der Kraft desselbigen Wortes fortzuarbeiten zur Ehre des Herrn.

Indem wir euch der brüderlichen Liebe und Unterstützung sämtlicher christlicher Freunde dort empfehlen für euren Dienst am Evangelio, wollen wir euch in Gemeinschaft mit den vielen Freunden daheim unsrer Fürbitte versichern, wie wir die eurige nicht minder für das uns an dieser Stätte betraute Werk in Anspruch nehmen.

Durch regelmäßige Berichte, in der ersten Zeit 2mal, später 1mal im Monat uns zugesandt, welche unverzüglich von hier nach Basel abgesandt werden, und welche unsrerseits herzliche Theilnahme u. Erwiederung finden sollen, wird unter Gottes Beistand das Band der Gemeinschaft um so lebendiger erhalten werden.

Dem Bruder Haussmann wird mit der Oberleitung der Station auch Führung der Correspondenz aufgetragen doch so, daß Betheiligung sämtlicher Brüder sehr gewünscht wird.

Zur Bestreitung der laufenden Ausgaben wird ein genügender Credit in Cairo eröffnet werden. Ueber die Verwendung des Geldes hat Bruder Haussmann anfangs monatlich, später quartaliter spezielle Rechnung vorzulegen, zu welchem Ende die andren Brüder ihn über die auf ihren besonderen Gebieten gemachten Ausgaben bereits genau Angabe eingereicht haben müssen.

Neben der Arabischen wird Erlernung der Italienischen Sprache sich als wünschenswerth herausstellen.

Schließlich legen wir euch, liebe Brüder, noch besonders ans Herz: laßt Jesum Christum den Gekreuzigten Eures Herzens Trost und Frieen [sic!], wie eures Mundes Zeugniß sein, „gehet hin, verkündiget den Tod des Herrn, bis daß Er kommt.“

Unser Gott schenke euch die unerläßliche Bedingung eines segensreichen Wirkens nach außen, daß Friede und Liebe und Gemeinschaft des Geistes Euer täglich Theil sei unter einander. Das theure Kleinod eines christlichen brüderlichen Sinnes will nicht nur erbeten, sondern auch durch tägliches Gebet bewahrt sein. Daher wir euch dringend ans Herz legen, mit vereinten Kräften gewissenhaft darüber zu wachen, daß es zunächst eurem Kreise an lebendiger Gemeinschaft des Wortes Gottes und des Gebets nicht fehle. So dürfen wir euch auf Grund der vielen theuren Verheissungen unseres Gottes, der es den Aufrichtigen will gelingen lassen, aus theilnehmendem Herzen zurufen:

„Zieht in Frieden Eure Pfade!
Mit euch des großen Gottes Gnade
Und seiner heil'gen Engel Macht!
Wenn euch Jesu Hände schirmen,
Gehts unter Sonnenschein und Stürmen
Getrost und froh bei Tag und Nacht.
Lebt wohl, lebt wohl im Herrn!
Er sei euch nimmer fern,
Spät und frühe,
Vergesst uns nicht
In seinem Licht
Und wenn ihr sucht sein Angesicht!

Jerusalem, 14. Novbr. 1860 Das Jerusalems Comité

S[amuel] Angl[icanus] Hieros[olymitanus][7], Dr. Valentiner, Ch. Sandreczki, J[ohann] L[udwig] Schneller, Herm[ann] Loewenthal, Joh[annes] Frutiger

[7] D.h. Samuel, anglikanischer Bischof in Jerusalem.

6. Gespräch des Komitees der Pilgermission mit Bruder Bühler über die Unzufriedenheit von Brüdern auf der „Apostelstraße“[8]

Br. Bühler sah sich durch eigene Kränklichkeit und durch Familienverhältnisse veranlaßt, seinen Posten in Egypten zu verlassen und in die Heimath zurückzukehren. Da er gerade im Hause anwesend war, wurde er eingeladen, sich vor dem Comite über seine auf der Ap. Str. gem. Erfahrungen auzusprechen:

Er sagt, daß im Allgemeinen die Brüder auf der Apostelstraße über ihre Lage unzufrieden[9] seien, und hebt unter Anderem folgende Gründe hervor:

a. Sie finden über der Beschäftigung mit dem Handel, der Agricultur und anderen äußerlichen Dingen nicht recht Zeit, um die Landessprache zu lernen, die doch so nothwendig sei, um als Missionare mit den Leuten zu verkehren.

b. Es sei nicht recht klar, wer die eigentliche Leitung auf den einzelnen Stationen habe. Es seien Stations-Chefs da. Aber wie weit geht ihre Befugnis? Es heiße, die Brüder sollen die Stationsangelegenheiten gemeinschaftlich berathen, und bei Anständen solle der Stationschef den Ausschlag geben. Also soll es nicht nach Stimmen-Majorität gehen, sondern die andren Brüder sollen sich der Ansicht und Anordnung eines Einzelnen unterwerfen?

c. Die Brüder hätten, wenigstens viele derselben, hätten „gestutzt“, als sie gesehen, wie man bei Ordinationen Jüngere, erst neu-Ankommende Aelteren, schon längst im Arbeitsfeld stehenden Brüdern, vorgezogen habe. Rappard sei ordiniert gekommen, an Eipperle z.B. habe man nicht gedacht.

d. Die Arbeit sei ihnen überhaupt nicht genau genug vorgezeichnet, und die Grenzen ihrer Befugnis nicht deutlich genug gezogen. Aus letzterem Grunde z.B. hätten sie in Matammah das Amharische nicht erlernt, nicht auch Knaben aufgenommen, wozu sich etlichemale Gelegenheit dargeboten hätte, sie hätten nicht gewußt, wie weit sie gehen dürfen.

---

[8] KSPM II, 16. Juli 1866, S. 142f.

[9] Unterstreichung im Original vorhanden.

Unter all diesen Mittheilungen wurde es den Mitgliedern des Comit, klar, daß bei manchen der Brüder auf der Apostelstraße nicht der rechte Sinn herrsche. Es seien da unnöthige Eifersüchteleien, pedantische u. gesetzliche Rücksichten, und ein sehr zu bedauernder Mangel an Ausdauer und geduldigem Warten. Schwierigkeiten gebe es auf jedem Missionsfeld, und niederschlagende Erfahrungen werden immer vorkommen. Aber man sehe auf die Brüdergemeinde [sic!], und die Geduld, mit welcher ihre Arbeiter oft Jahre und Jahrzehnte lang unter den schwierigsten und entmuthigendsten Umständen ausgehalten u. gewartet hätten ...

Auf der anderen Seite aber erkannte es die Comit, auch wieder als ihre Pflicht an, für die Ordnung der Angelegenheiten auf der Apostelstraße Alles zu thun, was in ihren Kräften stehe.

Mit Bezug auf Br. Bühler's nächste Schritte wurde gegen seine Bitte, seine Verwandten u. Freunde besuchen zu dürfen, nichts eingewendet.

7. Beschluß des Komitees der Pilgermission über die Eröffnung der „Prophetenstraße"[10]

He. Arthington hat seine Wünsche mitgetheilt des Inhaltes, daß diejenigen Brüder weiter vorrücken, welche auf seine Kosten die Mission unter heidnischen Stämmen am weißen u. blauen Fluß (Prophetenstraße) betreiben sollen. Er hat zugleich 400 £ für diese Zwecke gesandt.

Es wird nun über die Stellung dieser Brüder für die Zukunft folgendes festgesetzt:

Die 4 Brüder Gutberlet, Treiber, Levi und Greiner sind diejenigen von unseren Brüdern, welche für die Unternehmung jener Mission bestimmt sind. Sodann sind außer ihnen noch die 2 Brüder Mooj aus der Anstalt Ermelo (Holland), welche in freundschaftlicher Verbindung mit uns stehen, für genannte Mission bestimmt. Alle 6 Brüder stehen unter der Leitung der Pilger-Mission. Sie sind dem Herrn Arthington (in Leeds) genannt u. nach ihren Fähig-

[10] KSPM III, 4. März 1867, S. 3–5.

keiten bezeichnet, u. er hat sich für ihren Unterhalt verpflichtet, u. wird für die Besorgung dieser[11] Angelegenheiten folgender Weg für die Zukunft festgestellt:

Die 6 Brüder wenden sich in Ansehung ihrer Bedürfnisse stets und nur an Br. Hausmann in Cairo. Br. Hausmann ist von He. Arthington förmlich für diesfallige [?] Vermittlungen ersucht, u. von der Comite bevollmächtigt worden, u. er verkehrt in diesen Angelegenheiten direkt mit He. Arthington. Die genannten 6 Brüder senden auch ihre Berichte – die sie wie nach bisheriger Anweisung an die Brüder auf der Apostelstraße zu machen haben – immer an Br. Hausmann, u. er übermittelt das Original an die Comite in Basel u. besorgt an He. Arthington ebenfalls die Quintessenz desselben.

Die nun gegebenen 400 £ werden von He. Jaeger schon nach dieser festgesetzten Ordnung an Br. Hausmann übermittelt werden u. es sollen hiemit sogleich folgende Bewegungen in Gottes Namen ausgeführt werden:

a. Die Br. Treiber u. Levi sollen – auf ausdrücklichen Wunsch He. Arthingtons – die schon länger projectirte Untersuchungsreise dem weißen Fluß entlang bis an den Fluß Sobat unternehmen u. im Fall sie die Gründung einer Station an irgend einem Orte in der Nähe dieses Flußes ausführbar finden, gleich dort bleiben u. ihr Werk beginnen.

b. Den 4 Brüdern Gutberlet, Greiner, Adrian u. Jakob Mooj ist mit denselben Anweisungen als Ziel ihrer Reise die Gegend von Fasogli am blauen Fluß bestimmt u. sie sollen ebenfalls sofort aufbrechen u. reisen, so weit es ihnen noch möglich ist …

Ebenso wird He. Kaplan [Schlienz] ersucht, im Auftrag der Comite den 6 betreffenden Brüdern die erforderlichen Mittheilungen von diesen Beschlüssen zu machen, und He. Jäger wird die Jerusalems Comite ebenfalls davon in Kenntniß setzen.

---

[11] Unterstreichungen im Original vorhanden.

8. Ludwig Krapfs Entwurf für eine „Reservekolonie“ in Gosen[12]

... das wünscht sie [die Pilgermission] in allem Ernste, daß sie in Egypten – also gleich am Eingang ihres weithin reichenden Missionsgebietes eine Niederlassung gründe, welche theils die Markusstation Cairo mit materiellen Mitteln unterstützen, theils den Mittelpunkt bilden würde auf welchen alle die Personen concentrirt werden könnten, welche sich der Apostelstraße hingeben wollen. Hier könnten sie sich ans Klima, Arbeiten, Sprache, Sitten und Verkehr des Landes vorläufig gewöhnen u. dann von da einen Ruf an irgend eine der zu errichtenden Stationen erwarten, nach dem sie sich acclimatisirt und die afrikanischen Verhältnisse und Sprachen kennengelernt haben.

Als der tauglichste Ort zu einer solchen Niederlassung ist der Pilger Mission das Ländchen Gosen vorgeschlagen worden, das ja schon einmal in der Geschichte und zwar in der frühesten Geschichte des Reiches u. Volkes Gottes eine wichtige Bedeutung u. Bestimmung gehabt hat, und leicht wieder erhalten könnte. Wir geben uns natürlich zunächst keinen apocalyptischen Betrachtungen hin, als ob etwa das Ländchen Gosen in der lezten Zeit unter dem Wüthen des lezten Feindes des Reiches Gottes, nähmlich des Antichrists, eine temporäre Zufluchtsstätte des Volkes Gottes werden könnte (dergleichen Asyle von vielen Christen in Rußland am kaspischen Meer, oder an einzelnen Punkten in Syrien u. Palaestina vermutet u. erwartet worden sind). Wir wollen diese Ansichten weder bestreiten noch verteidigen wir haben praktische Missionszwecke im Auge und überlassen die Zukunft dem Herren, der sein Volk bis ans Ende der Tage schützen und bewahren wird. Wir wählen Gosen auch nicht deshalb, weil einmal das Volk Gottes seine Jugendzeit dort zugebracht hat, sondern einfach darum, weil dieses Ländchen sich am besten für unser Apostelstraßen-Unternehmen zu eignen scheint. Erstens ist es nur eine Tagreise nordöstlich von Cairo entfernt, und zweitens ist es noch ein wenig

[12] Krapf, „Programm der Apostelstraße: oder einer Missionspostenlinie nach den Nil-Ländern u. Centralafrika im Allgemeinen, und nach Abessinien insbesondere“, Korntal, 10. Februar 1863, Archiv St. Chrischona, S. 4–7.

angebaut und bewohnt (obwohl es wasserreich ist) und könnte daher uns hinreichenden Raum zu einer Niederlassung gewähren.

Könnten wir in Gosen 500 bis 1000 Morgen Feld für eine nicht allzu hohe Kaufsumme vom Pascha von Egypten erwerben, so würden wir sogleich den Anfang in dem Unternehmen machen. Wir würden die bereits in Cairo verweilenden für den weitern Apostelstraßenbau verwendbaren Brüder dorthin versetzen. Sie müßten natürlich zuerst ein dem Klima u. Verhältnissen angemessenes einfaches Haus bauen u. würden ihr Hauptaugenmerk auf den Ackerbau, auf die Anlegung von Gärten, Baumwollanpflanzungen, Dattelplantagen u. alle die Produkte richten, welche in Egypten gedeihen u. welche noch außerdem von Europa her eingeführt und angepflanzt werden könnten. Asiatische, europäische + afrikanische Gewächse müßten versucht werden.

Dabei muß scharf hervorgehoben werden, daß die Personen, welche diese Niederlassung einrichten u. betreiben, ihre Aufgabe nicht zunächst im Lehren u. Predigen suchen, sondern in gewissenhafter Erfüllung ihrer Landarbeiten. Es ist sehr nothwendig, daß jeder seine Aufgabe kenne und sich nicht in Arbeiten mische, welche ihm nicht zunächst aufgetragen sind. Die Brüder welche in Cairo wirken, sind u. bleiben Lehrer und Missionarien im eigentlichen Sinne des Wortes, während die andern Ackerbauer, Landarbeiter, kurz Colonisten sein sollen, welche durch Erwerb nicht nur sich selbst erhalten, sondern auch zum Unterhalt der Station Marcus in Cairo beitragen und derselben zum materiellen Stützpunkt dienen sollen. Es versteht sich von selbst, daß sie durch ihren christlichen Wandel auch ein Licht und Salz der Erde sein sollen, aber zum Lehren sind sie vorweg nicht berufen, außer insofern sie als Lehrer der Cultur u. Oekonomie u.s.w. betrachtet werden, aber in der Eigenschaft von Geistlichen sollen sie nicht auftreten.

Wir haben einen Raum von 500–1000 Morgen oder Juchart Feld gefordert in der Voraussetzung, daß dies nicht zu viel ist, wenn wir bedenken, daß im Lauf der Zeit vielleicht innerlich und äußerlich begabte u. tüchtige Familienväter mit ihren Familien, an denen die jungen Brüder eine bedeutende Stütze hätten, nach Gosen einzuwandern, Lust hätten, und daß es möglich, ja sogar wünschenswerth wäre, wenn von den Eingeborenen (z.B. den Kopten) in denen ein wahres, religiöses Leben erwacht ist, eine Anzahl Leute sich dort niederließen und zu einer Gemeinde zusammenschließen würde, welche eine christliche Muster Kolonie durch Ackerbau, Handwerk u. Handel, sowie durch christlichen Sinn darzustellen sich bestrebte.

Es kann für das Programm der Apostelstraße nur förderlich sein, wenn wir noch einige weitere Mittheilungen zur Kenntniß des Landes Gosen hier beizufügen uns veranlaßt sehen ...[13]

9. Überblick über die Arbeit auf den fünf eröffneten Stationen der „Apostelstraße"

Der folgende Überblick stellt den Versuch einer Rekonstruktion der Arbeit auf den fünf eröffneten Stationen anhand der Jahresberichte der Pilgermission dar. Ungenauigkeiten in den Jahresangaben sind dabei möglich, z.T. aufgrund mangelnder Angaben, z.T. auch da die Brüder manchmal lange Reisen unternahmen, die nicht eindeutig einer Station zugeordnet werden können. Brüder der Pilgermission, die sich nur für kurze Zeit, praktisch auf der Durchreise, auf den Stationen befanden, wurden in der Darstellung nicht berücksichtigt. Die Ehefrauen von Missionaren wurden ebenfalls nicht mit aufgeführt. In der Schule in Alexandrien unterrichteten neben den angegebenen Mitarbeitern zeitweise noch weitere Lehrer. Das Sonderzeichen „✝" steht für einen Todesfall.

[13] Es folgen hierauf noch zwei handschriftliche Seiten zum Gosen-Projekt, in denen aus verschiedenen Büchern Informationen über die Lage und die Fruchtbarkeit Gosens weitergegeben werden.

a) St. Markus-Station in Kairo

Station St. Markus	Kairo	(1860–1872)
Hauptträger:	Haußmann	1860–61, 1866–67
	Blessing	1860–65
	Möhl	1860–✝65
	Stamm	1862–64, 1869–72
	Ostertag	1864–65, 1867–69
Weiteres Personal:	Eipperle	1861
	Bühler	1861–64
	Rein	1862–65
	Gutberlet	1862–66
	Mutschler	1863–64
	Schlegel	✝1865
	Wojtko	✝1865
	Wilhelm	1866–67
	Rickle	1867
	Abdallah Habib	1867
	Treiber	1868
	Rappard	1868
	Rufo	1869–✝70
Besonderer Arbeitsschwerpunkt:	– Kolportagereisen – Deutsche Gemeinde in Kairo – Vorbereitung und Ausbildung der Missionare für andere Stationen	
Anlaß der Aufhebung:	Verselbständigung der Arbeit der Deutschen Gemeinde	

b) St. Paulus-Station in Matammah

Station St. Paulus	Matammah	(1862–1868)
Hauptträger:	Eipperle	1862–68
Weiteres Personal:	Haußmann	1862–65
	Mutschler	1864–✝67
	Bühler	1864–66
	Rein	1866
	Deiß	1866–67
Besonderer Arbeitsschwerpunkt:	Verbindung zu den Brüdern in Abessinien	
Anlaß der Aufhebung:	Vorläufiges Ende der Missionsarbeit in Abessinien	

c) St. Thomas-Station in Khartum

Station St. Thomas	Khartum	(1864–1871)
Hauptträger:	Duisberg	1865–69
	Blessing	1866–68, 1869–✝71
Weiteres Personal:	Stamm	1864–67
	Grandlienard	1864–65
	Sautter	1865–66
	Wettler	1865–✝66
	Kaiblinger	1865
	Treiber	1866–67
	Levi	1866–69
	Gutberlet	1867–✝68
	Greiner (Abdallah)	1867–69
	Dorgam	1869–71
Besonderer Arbeitsschwerpunkt:	Missions-Handlung	
Anlaß der Aufhebung:	Tod von Missionar Blessing	

d) *St. Matthäus-Station in Alexandrien*

Station St. Matthäus	Alexandrien	(1865–1875)
Hauptträger:	Rappard	1865–68
	Bauder	1866–74
Weiteres Personal:	[Brandeis	1861]
	[Staiger	1861, 1869]
	Grandlienard	1865–66
	Ostertag	1865–67
	Greiner	1870–71
	Frl. Linder	1870–75
	Frl. Imhof	1871–75
	Jüllich	1871–75
	Jacot	1874–75
	Dröner	1874–75
Besonderer Arbeits-schwerpunkt:	Schularbeit	
Anlaß der Aufhebung:	Übergabe der Schularbeit an die Deutsche Gemeinde	

e) *St. Petrus-Station in Assuan und Esneh*

Station St. Petrus	Assuan Esneh	(1866–1867) u. (1867–1868)
Hauptträger:	Schlotthauer	1866–68
	Raible	1866–68
Weiteres Personal:	Gutberlet	1866–67
	Rickle	1866–67
Besonderer Arbeits-schwerpunkt:		
Anlaß der Aufhebung:	Übergabe der Arbeit an die Mission der amerikanischen Presbyterianer	

10. Verzeichnis der Archivalien über die „Apostelstraße" im Staatsarchiv Basel[14]

PA 653, E1 „Apostelstrasse":

1. Aufruf zur Unterstützung der Pilgermissionstätigkeit in Unter- u. Oberägypten genannt Apostelstrasse (ohne Datum).
2. einzelne Kartenskizzen
3. Schreiben C.F. Spittlers 1861 in dieser Sache
4. Morgenluft aus Egypten (Broschüre, gedruckt 1865)
5. Diverse Briefe in Sachen Apostelstrasse
6. Gründung einer Reservekolonie in Gossen
7. Programm 1863
8. Reisebericht (Verfasser und Datum nicht genannt)

PA 653, E2 „Station Alexandria":

1. Briefe in dieser Sache: Barnett 1866, Bauder 1867, Brandeis 1861, C.H. Rappard 1866–67, Pfr. Sior 1859–60, C.F. Spittler 1861, W. Steiger 1861
2. Copieen verschiedener angekommener Briefe 1866
3. Über die deutsche Schule in Alexandrien
4. Vorläufiger Gedanke über eine christliche Herberge in Alexandrien

[14] Wiedergegeben nach dem Verzeichnis des Spittlerarchives (PA 653), E1–E4, im Staatsarchiv Basel.

PA 653, E3 „Station Cairo":

1. Instruktionen des Jerusalemer Comites (Gobat) 1860 an d. Brüder Haussmann, Eipperle und Blessing.
2. Autorisation für Empfang v. Beiträgen für Cairostation St. Marcus
3. Berichte über Cairostation St. Marcus nach Jerusalem 1860–68 und Resumé
4. Briefe in dieser Sache von Blessing 1861–64, J.M. Flad 1858, Haussmann 1861, Krapf 1861, Möhl 1864, Nyland 1871, Ostertag 1868, H.C. Rappard 1868

PA 653, E4 „Station Chartum":

1. Gründung einer Handelsstation in Chartum 1864
2. Anleihen für diese Station
3. Sechste Brüderkonferenz 1868

3a. Über Verlegung des Kaufmannspostens von Chartum nach Massowa 1869

4. Briefe von Blessing 1867, Duisberg 1864, Eipperle 1862, Haussmann 1862, Levi 1867, Mez 1866, Saalmüller und Waldmeier 1859
5. Schreiben von C.F. Spittler an Jerusalem Comité 1863

11. Abbildungsverzeichnis

Bibliographie

I. Archivalien

1. Aus dem Archiv St. Chrischona[1]

a) Protokollbücher des Komitees der Pilgermission

„Protocolle der Pilg. Miss. Comite-Sitzungen vom J. 1853 bis 1860." (*KSPM I*)
„Pilger-Missions Protocoll. 1860 bis 1866." (*KSPM II*)
„Protocolle von den Sitzungen der Pilger-Missions-Comite 67–73." (*KSPM III*)
„Protocolle der Sitzungen des Comites der Pilgermission zu St. Chrischona. Angefangen: Juni 1897; Beendigt: Juli 1911." (*KSPM IV*)

b) Jahresberichte der Pilgermission

Christian Friedrich Spittler, „Eilftes Rundschreiben an die Freunde der Pilger-Mission", Basel, Dezember 1859. *(11. Rundschreiben)*
Christian Friedrich Spittler, „Zwölftes Rundschreiben an die Freunde der Pilger-Mission", Basel, Dezember 1860. *(12. Rundschreiben)*
Christian Friedrich Spittler, „Dreizehntes Rundschreiben an die Freunde der Pilger-Mission", Basel, Dezember 1861. *(13. Rundschreiben)*
Christian Friedrich Spittler, „Vierzehntes Rundschreiben an die Freunde der Pilger-Mission", Basel, Dezember 1862. *(14. Rundschreiben)*
Christian Friedrich Spittler, „Fünfzehntes Rundschreiben an die Freunde der Pilgermission", Basel, Dezember 1863. *(15. Rundschreiben)*
Christian Friedrich Spittler, „Sechzehntes Rundschreiben an die Freunde der Pilgermission", Basel, Dezember 1864. *(16. Rundschreiben)*
Christian Friedrich Spittler, „Siebenzehntes Rundschreiben an die Freunde der Pilgermission", Basel, Dezember 1865. *(17. Rundschreiben)*
Christian Friedrich Spittler, „Achtzehntes Rundschreiben an die Freunde der Pilger-Mission", Basel, Dezember 1866. *(18. Rundschreiben)*
Christian Friedrich Spittler, „Neunzehntes Rundschreiben an die Freunde der Pilger-Mission", Basel, Dezember 1867. *(19. Rundschreiben)*

[1] Für das Archiv auf St. Chrischona existiert keine aktuelle Katalogisierung.

„Zwanzigstes Rundschreiben der Pilgermission auf St. Chrischona bei Basel vom Jahr 1868", Basel, März 1869. *(20. Rundschreiben)*
„Ein und zwanzigster Jahresbericht der Pilger-Mission auf St. Chrischona bei Basel vom Jahr 1869", Basel, 1870. *(21. Jahresbericht)*
„Zwei und zwanzigster Jahresbericht der Pilgermission auf St. Chrischona bei Basel vom Jahr 1870", Basel, 1871. *(22. Jahresbericht)*
„Drei und zwanzigster Jahresbericht der Pilgermission auf St. Chrischona bei Basel vom Jahr 1871", Basel, 1872. *(23. Jahresbericht)*
„Vier und zwanzigster Jahresbericht der Pilger-Mission auf St. Chrischona bei Basel vom Jahre 1872", Basel, 1873. *(24. Jahresbericht)*
„Sechs und zwanzigster Jahresbericht der Pilger-Mission auf St. Chrischona bei Basel vom Jahr 1874", Basel, 1875. *(26. Jahresbericht)*
„Sieben und zwanzigster Jahresbericht der Pilger-Mission auf St. Chrischona bei Basel vom Jahr 1876", Basel, 1876. *(27. Jahresbericht)*

c) Informationsschriften über die Pilgermission

„The Pilgrim-Mission at St. Chrischona near Basle", Basel, Juli 1865.
„Pilger-Mission zu St. Chrischona bei Basel", Basel, Januar 1866.
„The Pilgrim-Mission at St. Chrischona near Basle", Basel, Juli 1867.
„Die Pilgermission auf St. Chrischona bei Basel", Basel, 1869.

d) Kollekten-Vereine der Pilgermission

„Chrischona-Blättchen für ihre Collecten-Vereine", Nr. 3 / November 1868.
„Chrischona-Blättchen für ihre Collecten-Vereine", Nr. 1 / März 1870.
Ludwig Krapf, „An die lieben Theilnehmer des Halb-Kreuzer-Vereins zum Besten der Pilger-Missions-Anstalt auf St. Chrischona bei Basel", Korntal, 23. Dezember 1862. (Halbkreuzer 1862)
Ludwig Krapf (Hg.), „Fünfter Jahresbericht für die Theilnehmer an der Zwei-Centimes-Collecte zum Besten der Pilger-Mission auf St. Chrischona bei Basel", Korntal, 6. Dezember 1865.
Ludwig Krapf (Hg.), „Sechster Jahresbericht für die Theilnehmer an der Zwei-Centimes-Collecte zum Besten der Pilger-Mission auf St. Chrischona bei Basel", Korntal, 1. Dezember 1866.

e) *Faszikel „Apostelstraße“ aus der Korrespondenz Spittlers*

Christian Friedrich Spittler an Carl August Rappard, 21. Februar 1863.
Christian Friedrich Spittler an Carl August Rappard, 2. März 1863.
Ludwig Krapf an Christian Friedrich Spittler, 16. März 1863.
Christian Friedrich Spittler an Carl August Rappard, 19. März 1863.
Wilhelm Bühler, „Bericht der Herrn Bühler u. Stamm über ihre Reise an den Suez Kanal“, Kairo, 9. März 1863.
„Partial-Schuldschein der Apostel-Straße-Missions-Handlung in Kartum: Firma C.F. Spittler & Co“.

f) *Mitteilungen aus der Korrespondenz der Pilgermission*

„Mittheilungen aus der Correspondenz der Pilgermission: zunächst für deren auswärtige Brüder bestimmt“, Nr. 2 / 1862.
„Mittheilungen aus der Correspondenz der Pilgermission: zunächst für deren auswärtige Brüder bestimmt“, Nr. 1 / März 1864.
„Mittheilungen aus der Correspondenz der Pilgermission: zunächst für deren auswärtige Brüder bestimmt“, Nr. 2 / Juli 1864.
„Mittheilungen aus der Korrespondenz der Pilgermission: zunächst für deren auswärtige Brüder bestimmt“, Nr. 1 / März 1865.
„Mittheilungen aus der Korrespondenz der Pilgermission: zunächst für deren auswärtige Brüder bestimmt“, Nr. 2 u. 3 / Juni 1868.
„Mittheilungen aus der Korrespondenz der Pilgermission: zunächst für deren auswärtige Brüder bestimmt“, Nr. 5 / Oktober 1868.

g) *Weitere Archivalien der Pilgermission*

Ludwig Krapf, „Programm der Apostelstraße: oder einer Missionspostenlinie nach den Nil-Ländern u. Centralafrika im Allgemeinen, und nach Abessinien insbesondere“, Korntal, 10. Februar 1863. *(Programm / St. Chrischona)*
Christian Friedrich Spittler und Dr. Ludwig Krapf, „Programm der Apostelstraßen-Mission oder einer Missionsposten-Linie von Jerusalem nach den Nil-Ländern und Central-Afrika im Allgemeinen, und nach Abessinien und den Galla-Ländern insbesondere“, [1863]. *(Gedrucktes Programm)*
Ludwig Krapf (Hg.), „Bericht der Apostelstraßen-Station St. Paulus in Matammah, an der Grenze des nordwestlichen Abessiniens: Erstattet von den Pilger-Missionaren Haußmann und Eipperle“, Basel, Juni 1863. *(Bericht Matammah 1863)*

Ludwig Krapf (Hg.), „Bericht über die neuesten Vorgänge in Abessinien im Jahr 1863 von C.F. Haußmann, Pilgermissionar", Basel, 1864. *(Bericht Haußmann)*
Ludwig Krapf (Hg.), „Morgenluft aus Egypten", 1865. *(Morgenluft)*
Ludwig Krapf (Hg.), „Apostolic Highway: Dawn in Egypt", 1865.
Ludwig Krapf (Hg.), „Schwüle Mittagsluft aus Abessinien ... oder: Br. Eipperle's Bericht über seine Reise von Matamma nach Gaffat in Abessinien", Basel, 1. Mai 1866. *(Mittagsluft)*
„Miss.Haus in Chartum" in: Risse und Zeichnungen von Fritz Wettler an H. Kessler aus Egypten, 1865.
„Vorderfront v. Miss.haus Chartum" in: Risse und Zeichnungen von Fritz Wettler an H. Kessler aus Egypten, 1865.
„Station 'Marcus' in Cairo" in: Risse und Zeichnungen von Fritz Wettler an H. Kessler aus Egypten, 1865.
„Blick auf den Nil bei Assuan" in: Risse und Zeichnungen von Fritz Wettler an H. Kessler aus Egypten, 1865.
„Planskizze der 'Apostelstraße'".
„Rundschreiben des Komitees der Pilgermission an die ausgesandten Brüder, Basel, 1. August 1867."
„Des Herrn Ruf nach St. Chrischona durch seinen Knecht Louis Jaeger."

2. Aus dem Spittler-Archiv (PA 653) im Staatsarchiv Basel

a) PA 653, B2

Ludwig Krapf, „Gedanken bei und für die Reorganisation der Pilger-Mission", Obertürkheim, 27. Juni 1868.

b) PA 653, C4

Christian Friedrich Spittler an Samuel Müller (Kopie), 22. Oktober 1852.

c) PA 653, E1 „Apostelstraße"

Ludwig Krapf, „Programm der Apostelstraße von Jerusalem nach Gondar, oder einer Missions-Posten-Linie nach den Nil-Ländern u. Central Africa

im Allgemeinen, u. nach Abessinien insbesondere“, Korntal, 10. Februar 1863. *(Programm / SA Basel)*
[Hermann Löwenthal], „Aufruf zur Unterstützung der Pilgermission-Thätigkeit in Cairo, Oberegypten und Centralafrika; auch „Apostelstraßen“-Mission genannt“, 1863.
Ludwig Krapf (Hg.), „Morgenluft aus Egypten“, 1865. *(Morgenluft)*
„Kartenskizze – deutsch“.
„Kartenskizze – englisch“.
„Entwurf eines Begleitschreibens ‚Gründung einer Reservekolonie im Ländlein Gosen btr.‘“, [1863].
Christian Friedrich Spittler an [?], 30. August 1861.
Ludwig Krapf an Christian Friedrich Spittler, 11. Februar 1863.
Robert Arthington an Ludwig Krapf [Deutsche Übersetzung], 14. November 1864.
Ludwig Krapf an Christian Friedrich Spittler, 17. November 1864.
Bauder [an Kaplan Schlienz], 1. Februar 1868.

d) PA 653, E2 „Station Alexandria“

„Vorläufige Gedanken über die projectirte christliche Herberge in Alexandrien in Egypten“.

e) PA 653, E3 „Station Cairo“

„Instruction der Jerusalems-Committee für die nach Cairo abgehenden Brüder Carl Haussmann, Johann Eipperle, Chr. Blessing u. David Mehl“, 14. November 1860.
„Autorisation zur Empfangnahme von Beiträgen für die Pilgermissions-Station St. Marcus zu Cairo“, Basel, 4. Dezember 1863.

f) PA 653, E4 „Station Chartum“

„Partial-Schuldschein der Apostel-Straße-Missions-Handlung in Kartum: Firma C.F. Spittler & Co“.
„Statuten für das Anleihen bis 50,000 Franken ...“, Basel, 2. September 1867.
Carl Mez an die „verehrlichen Mitglieder der Handelscomission“, 25. November 1864.
Christian Friedrich Spittler an die „geehrten Creditoren der Apostelstraßen-Missions-Handlung in Chartum“, Basel, 28. August 1867.

Komitee der Pilgermission an Frau Zaeslin-Falkeisen, 24. September 1867.
J.Ch. Blessing, „Protokoll der Sechsten Brüder Conferenz" [Abschrift], Khartum, 19. März 1868.

3. Aus dem Schweizerischen Wirtschaftsarchiv im Wirtschaftswissenschaftlichen Zentrum der Universität Basel

„Partial-Schuldschein mit Statuten ...", Nr. 229 (Apostelstr-Mission-Handlung Kartum).

4. Aus: Ernst Staehelin, Die Christentumsgesellschaft in der Zeit von der Erweckung bis zur Gegenwart: Texte aus Briefen, Protokollen und Publikationen, Theologische Zeitschrift Sonderband IV, Basel 1974.

„Christian Friedrich Spittler an das Komitee der Basler Mission, 24. August 1853", S. 596–597.
„Samuel Gobat an Christian Friedrich Spittler, 9. Juni 1854", S. 598–599.
„Christian Friedrich Spittler an Samuel Gobat, 15. Juli 1854", S. 599.
„Samuel Gobat an Christian Friedrich Spittler, 3. November 1855", S. 601.
„Aus Samuel Gobats Instruktion für die vier nach Abessynien ausreisenden Brüder, 7. Dezember 1855", S. 601–603.
„Samuel Gobat an Christian Friedrich Spittler, 26. Mai 1856", S. 603.
„Aus Christian Friedrich Spittlers Achtem Rundschreiben an die Freunde der Pilger-Mission, Dezember 1856", S. 604–605.
„Samuel Gobat an Christian Friedrich Spittler, 4. Oktober 1858", S. 607–608.
„Christian Friedrich Spittler an Hermann Löwenthal und Johannes Frutiger, 1. Januar 1860", S. 609.
„Christian Friedrich Spittler an Hermann Löwenthal und Johannes Frutiger, 1. Februar 1860", S. 610.
„Christian Friedrich Spittler an Hermann Löwenthal und Johannes Frutiger, 20. September 1860", S. 611–612.
„Christian Friedrich Spittler an Hermann Löwenthal und Johannes Frutiger, 9. Oktober 1860", S. 612–613.
„Aus der ‚Instruction der Jerusalems-Committee für die nach Cairo abgehenden Brüder Carl Haußmann, Johann Eipperle, Chr[?] Blessing und David Mehl'", S. 613–614.
„Christian Friedrich Spittler an Johannes Hermann und Johannes Frutiger, 16. November 1863", S. 618.

II. Zeitschriften

„Dr. Krapfs Missionslaufbahn“, übers. und hg. von Gustav Warneck, AMZ 9, 1882, S. 193–201, 241–247, 289–302, 356–365.

Begegnung: Mitteilungen der deutschsprachigen christlichen Gemeinden in Kairo, April und Mai 1997.

Deetjen, Werner-Ulrich, „Ein deutscher Theologe im Kampf gegen Völkermord. D. Dr. Johannes Lepsius (1858–1926), Helfer und Anwalt der Armenier“, ThBeitr 93 / 1, S. 26–49.

Global: Mitteilungsblatt der Chrischona-Mission und der Chrischona-Stadtmissionen im südlichen Afrika, Nr. 1 / März 1997.

Lüttke, Moritz, „Die koptische Kirche und die Mission“, AMZ 7, 1880, S. 3–16, 67–80.

Ostertag, Albert (Hg.), „Missionszeitung: Die Gesellschaft der ‚Unirten freien Methodistenkirchen‘“, EMM 6, 1862, S. 263–267.

Ostertag, Albert (Hg.), „Missionszeitung: Die Pilgermission auf St. Chrischona“, EMM 7, 1863, S. 185–188.

Rohden [Missionsinspektor, Barmen], „Das neuere Aegypten: nach den Schilderungen von Moritz Lüttke“, AMZ 2, 1875, S. 548–557.

Warneck, Gustav (Hg.), „Quartalbericht: Afrika“, AMZ 9, 1882, S. 175–189.

Warneck, Gustav, „Die neuen deutschen Missionsunternehmungen: Ernste Bedenken den Freunden derselben zur Prüfung vorgelegt“, AMZ 28, 1901, S. 180–187.

III. Weitere Literatur

Bechler, Theodor, *Die Herrnhuter in Ägypten:* Evangelisation und Mission der Herrenhuter Brüder in Ägypten im 18. Jahrhundert und ihr Vorstoß nach Abessinien, Herrnhut 1936.

Beck, Hartmut, Brüder in vielen Völkern: 250 Jahre *Mission der Brüdergemeine,* Erlangen 1981.

Behrens, Lutz, „Bericht der Chrischona-Mission anläßlich der Arbeitstagung im November 1995“, 27. September 1995.

Blum-Ernst, Alfred (Hg.), Leopold Edmund *Zimmerlin:* 1877–1851. Nach eigenen Aufzeichnungen, mit Erlaubnis der Familie und im Auftrag der Schweizer Evang. Mohammedaner-Mission zusammengestellt, Grosshöchstetten 1951.

Blumhardt, Johann Christoph, Handbuch der *Missionsgeschichte und Missionsgeographie,* 1. Bd., Calw 1862[3].

Brandl, Bernd, „Die *Geschichte der Neukirchener Mission* als erste deutsche Glaubensmission“, Dissertation, Evang. Theol. Fakultät Heverlee/Leuven, September 1997.

Brecht, Martin und Klaus Deppermann (Hg.), Geschichte des Pietismus, Bd. 2: *Der Pietismus im achtzehnten Jahrhundert,* Göttingen 1995.
Bunke, Ernst, Carl Heinrich Rappard: Ein *Zeuge Jesu Christi,* Gießen 1953[5].
Carmel, Alex, „Christian Friedrich *Spittlers Beitrag* zum Wiederaufbau Palästinas im 19. Jahrhundert" in: Pietismus und Neuzeit: Ein Jahrbuch zur Geschichte des neueren Protestantismus, Bd.7 Die Basler Christentumsgesellschaft, Göttingen 1981, S. 147–179.
Carmel, Alex, Christen als *Pioniere im Heiligen Land:* Ein Beitrag zur Geschichte der Pilgermission und des Wiederaufbaus Palästinas im 19. Jahrhundert, Basel 1981.
Chirgwin, A.M., *Arthington's Million:* The Romance of the Arthington Trust, London [1836].
Christian Friedrich Spittler: Zum 125. Todestag des Gründers der Pilgermission St. Chrischona und weiterer Werke in der Region Basel. Sierre 1992.
Church Missionary Society (Hg.), The Church Missionary Society *Atlas,* London 1896[8].
Claus, W., *Dr. Ludwig Krapf,* weil. Missionar in Ostafrika: Ein Lebensbild aus unsern Tagen, Basel 1882.
de Groot, A., Hermanus Willem *Witteveen* en zijn Zendingsgemeente te Ermelo, Nijkerk 1984.
Eber, Jochen, „Die *Missionstheologie* Johann Ludiwg *Krapfs:* Darstellung aus den Quellen", Seminararbeit, Universität Tübingen, 1984.
Eber, Jochen, *„Morgenröte des Reiches Gottes:* Eine Einführung in das missionstheologische Denken von Johann Ludwig Krapf (1810–1991)" in: *Die Frühlingswiese Gottes:* Theologie und Erweckung heute, Gerhard Diekmeyer (Hg.), Krelingen: Geistliches Rüstzentrum – Studienarbeit, 1983, S. 74–89.
Feller, Hans Georg, *Martin Flad:* Ein Leben für Abessinien, Gießen und Basel 1936[2].
Fiedler, Klaus, Ganz auf Vertrauen: Geschichte und Kirchenverständnis der *Glaubensmissionen,* Gießen / Basel 1992.
Fiedler, Klaus, The Story of *Faith Missions,* Oxford 1994.
Flad, Johann Martin, 60 Jahre in der *Mission unter den Falaschas* in Abessinien, Gießen / Basel 1922.
Flad, Julius, Johann Martin Flad: *Ein Leben für Äthiopien,* Gießen und Basel 1968.
Foerster, Frank, Mission im Heiligen Land: der *Jerusalems-Verein* zu Berlin 1852–1945, Gütersloh 1991.
Franz, Andreas, *Mission ohne Grenzen:* Hudson Taylor und die deutschsprachigen Glaubensmissionen, Gießen / Basel 1993.
Frische, Reinhard, *„Vorwort"* in: Zur Initiative befreit: C.F. Spittler und unser Auftrag heute, Reinhard Frische (Hg.), Giessen 1994, S. VII-IX.
Fullerton, W.Y., Arthington and after: The Man and the Missions, London 1929.

Gundert, Hermann, *Die Evangelische Mission:* ihre Länder, Völker und Arbeiten, Calw & Stuttgart 1903[4].
Haag, Klaus, *„,Wohin er mich ruft, dahin gehe ich':* Christian Friedrich Spittler – ,Handlanger' im Reiche Gottes" in: Zur Initiative befreit: C.F. Spittler und unser Auftrag heute, Reinhard Frische (Hg.), Gießen 1994, S. 1–18.
Haag, Klaus, *Für Gott und Menschen:* Worte aus dem Leben von Christian Friedrich Spittler, Basel 1995.
Hauzenberger, Hans, *Basel und die Bibel:* die Bibel als Quelle ökumenischer, missionarischer, sozialer und pädagogischer Impulse in der ersten Hälfte des 19. Jahrhunderts, Basel 1995.
Heyer, Friedrich, *„St. Chrischona in Äthiopien"* in: Fides pro mundi vita: Missionstheologie heute; Hans-Werner Gensichen zum 65. Geburtstag, Gütersloh 1980, S. 133–147.
Katterfeld, Anna, Felician von *Zaremba,* Stuttgart und Basel 1939.
Kehnel, Friederike, „Christian Friedrich *Spittler: Grundzüge seines Engagements* für die Weltmission", Seminararbeit im Fach Missionsgeschichte (MIS 6020), CBS-Studienzentrum Korntal, Herbst 1995.
Kober, Johannes, Christian Friedrich *Spittler's Leben,* Basel 1887.
Krapf, Johann Ludwig, *Reisen in Ostafrika,* Korntal 1858.
Krapf, Johann Ludwig, *Reisen in Ostafrika:* ausgeführt in den Jahren 1837–1855, unveränderter *Neudruck,* mit einer Einführung hrsg. von Werner Raupp, Münster und Hamburg 1994.
Latourette, Kenneth Scott, A History of the Expansion of Christianity, Vol. VI. The Great Century in *Northern Africa and Asia* A.D.1800 – A.D.1914, Grand Rapids 1980[7].
Latourette, Kenneth Scott, Geschichte der *Ausbreitung des Christentums,* Göttingen 1956.
Lüttke, Moritz, *Aegyptens Neue Zeit,* Bd. 2, Staatswesen und Landesverwaltung. Die Europäer in Aegypten. Islam und Christentum., Leipzig 1873.
Maisch, Johannes, *Gute Nachricht* allen Völkern: Bilder aus der evangelischen Missionsgeschichte, Stuttgart 1988.
Neill, Stephen, *Geschichte der christlichen Missionen,* Hg. u. erg. von Niels-Peter Moritzen, Erlangen 1990[2].
Oehler, Wilhelm, *Geschichte der deutschen evangelischen Mission,* Bd. 1, Frühzeit und Blüte der deutschen evangelischen Mission 1706–1885, Baden-Baden 1949.
Oestreicher, Theodor, *„Die Welt des Islam"* in: Das Buch der deutschen Weltmission, Julius Richter (Hg.), Gotha 1935, S. 77–84.
Otth, Walter, *„Äußere Mission"* in: Wir sind sein Werk: 125 Jahre Pilgermission St. Chrischona bei Basel, Hans Staub (Hg.), Gießen 1965, S. 121–129.
Rappard, Carl Heinrich, Die *Pilgermission* zu St.Chrischona *1840–1908,* 2. vermehrte Aufl. der Gedenkschrift: Fünfzig Jahre der Pilger-Mission, Basel 1908.

Rappard, Dora, *Carl Heinrich Rappard:* Ein Lebensbild, Unveränderter Nachdruck d. 1. Aufl. 1910, Gießen 1983.
Rappard, Dora, *Lichte Spuren:* Erinnerungen aus meinem Leben, Gießen [1914][4].
Raupp, Werner, Christian Gottlob *Barth:* Studien zu *Leben und Werk,* Stuttgart 1998.
Raupp, Werner, *Mission in Quellentexten:* Geschichte der Deutschen Evangelischen Mission von der Reformation bis zur Weltmissionskonferenz in Edinburgh 1910, Bad Liebenzell & Erlangen 1990.
Rennstich, Karl, *Nicht jammern, Hand anlegen:* Christian Friedrich Spittler – Leben und Werk, Metzingen 1987.
Richter, Julius, Geschichte der evangelischen *Mission in Afrika,* Gütersloh 1922.
Richter, Julius, *Mission* und Evangelisation *im Orient,* Gütersloh 1930[2].
Rudersdorf, Friedhelm, *Dora Rappard:* Die Mutter von St. Chrischona, Gießen 1956.
Sahlberg, Carl-Erik, *From Krapf to Rugambwa* – a Church History of Tanzania, Nairobi 1986[2].
Samuel Gobat: Evangelischer Bischof in Jerusalem, Basel 1884.
Sauer, Christof, *„Deutsche Zusammenfassung"* in: Peter James Spartalis, *Karl Kumm* – Last of the Livingstones: Pioneer Missionary Statesman, Bonn 1994, S. 109–116.
Schäfer, Richard, *Geschichte der Deutschen Orient-Mission,* Potsdam 1932.
Scheffbuch, Rolf, *Wird künftig beachtet:* Gestern gesagt – heute neu gehört, Neuhausen-Stuttgart 1991.
Scheffbuch, Winrich, Jenseits der endlosen Meere: *Abenteuer Weltmission,* Neuhausen-Stuttgart 1996.
Schick, Erich, Christian Friedrich *Spittler: Gründer und Hirte,* Gießen 1956.
Schmid, Edgar (Hg.), Wenn Gottes Liebe Kreise zieht: *150 Jahre Pilgermission St. Chrischona* (1840–1990), Gießen / Basel 1990.
Schmid, Edgar, *„Äthiopien"* in: Pilgermission St. Chrischona: Gestern – Heute, Bettingen 1980, S. 68.
Schölly, T., *Samuel Gobat:* evangelischer Bischof in Jerusalem, Basel 1900.
Schneller, Ludwig, *Vater Schneller:* Ein Patriarch der Evangelischen Mission im Heiligen Lande, Leipzig *1904*.
Schneller, Ludwig, *Vater Schneller:* Ein Patriarch der Evangelischen Mission im Heiligen Lande, Leipzig *1925*.
Sidler, Werner, *Mission in der Krise:* Aus der Sicht eines Missionars in Äthiopien, Gießen 1968.
Spartalis, Peter James, *Karl Kumm* – Last of the Livingstones: Pioneer Missionary Statesman, Bonn 1994.
Staehelin, Ernst, Die *Christentumsgesellschaft* in der Zeit von der Erweckung bis zur Gegenwart: Texte aus Briefen, Protokollen und Publikationen. Theologische Zeitschrift Sonderband IV, Basel 1974.

Stanley, Brian, „'The Miser of Headingley': *Robert Arthington and the Baptist Missionary Society,* 1877–1900" in: The Church and Wealth: Studies in Church History, vol. 24. W.J. Sheils und Diana Wood (Hg.), Oxford 1987, S. 371–382.
Staub, Hans (Hg.), Wir sind sein Werk: *125 Jahre Pilgermission* St. Chrischona bei Basel, Gießen 1965.
Strobel, August, Deine Mauern stehen vor mir allezeit: Bauten und Denkmäler der deutschen Siedlungs- und Forschungsgeschichte im Heiligen Land, Gießen 1998.
Troeger, Eberhard an Andreas Baumann, Brief vom 24. September 1996.
Tucker, Ruth A., Bis an die Enden der Erde: *Missionsgeschichte in Biographien,* Hg. und erg. von Karl Rennstich, Metzingen 1996.
Unruh, Margarete, Samuel Jakob *Enderlin:* Der *Bahnbrecher der Sudan-Pionier-Mission* in Ober-Ägypten, Basel 1942.
Veenhof, Jan, „Die *Apostelstrasse*" in: Pietismus und Reveil, J. van den Berg und J.P. van Dooren (Hg.), Leiden 1978, S. 352–363.
Veiel, Friedrich, Die *Pilgermission* von St. Chrischona: *1840–1940,* Gießen 1940.
Vischer, Georg, *Bleibende Frucht:* Weg und Werk von Christian Friedrich Spittler, Basel 1941.
vom Orde, Klaus, *Carl Mez:* Ein Unternehmer in Industrie, Politik und Kirche, Gießen 1994².
von Dessien, Eberhard, Ulrich Ehrbeck u. Eberhard Troeger, *Wasser auf dürres Land:* 85 Jahre Sudan-Pionier-Mission / Ev. Mission in Oberägypten, Wiesbaden 1985.
Vorstand der Deutschen Evangelischen Gemeinde in Kairo (Hg.), 100 Jahre Deutsche Evangelische Gemeinde in Kairo: 1864–1964, Kairo 1964.
Vortisch, Hermann, *Bahnbrecher in Afrika:* Das Leben von Dr. Johann Ludwig Krapf, Witten 1954.
Werner, Karl, *Christian Gottlob Barth:* Leben und Wirken, 3. Bd., Wirksamkeit in Calw und Ende, Calw 1869.